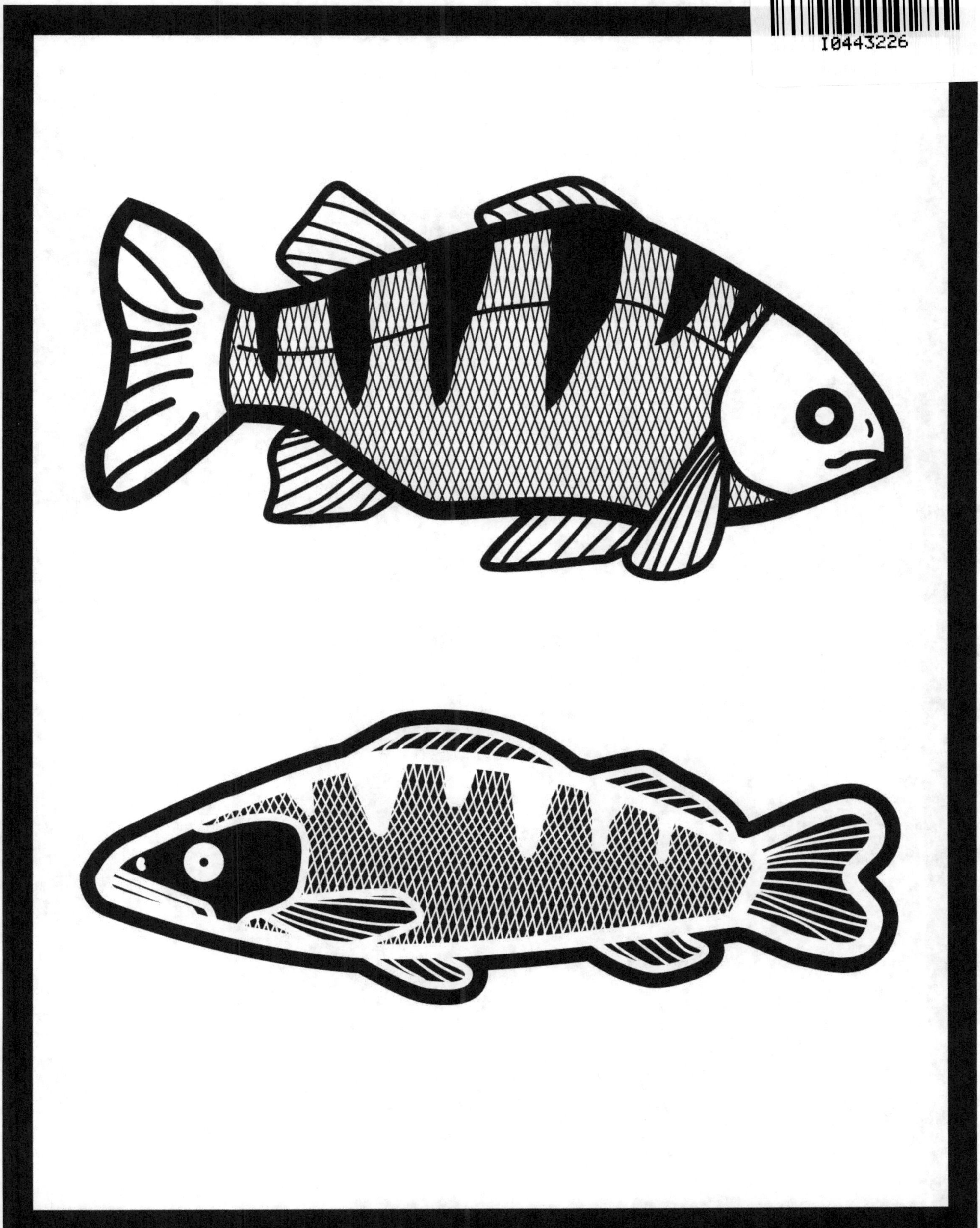

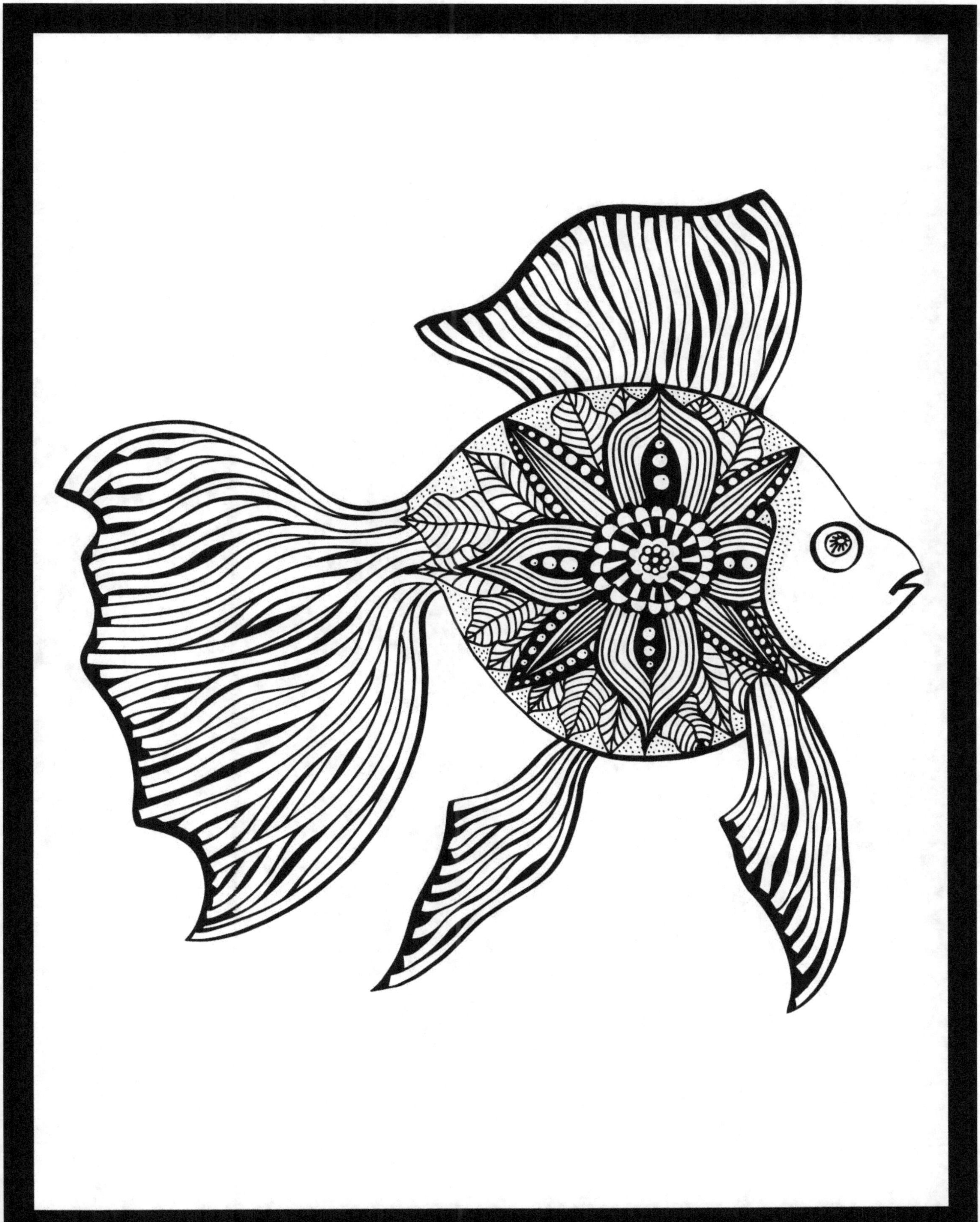

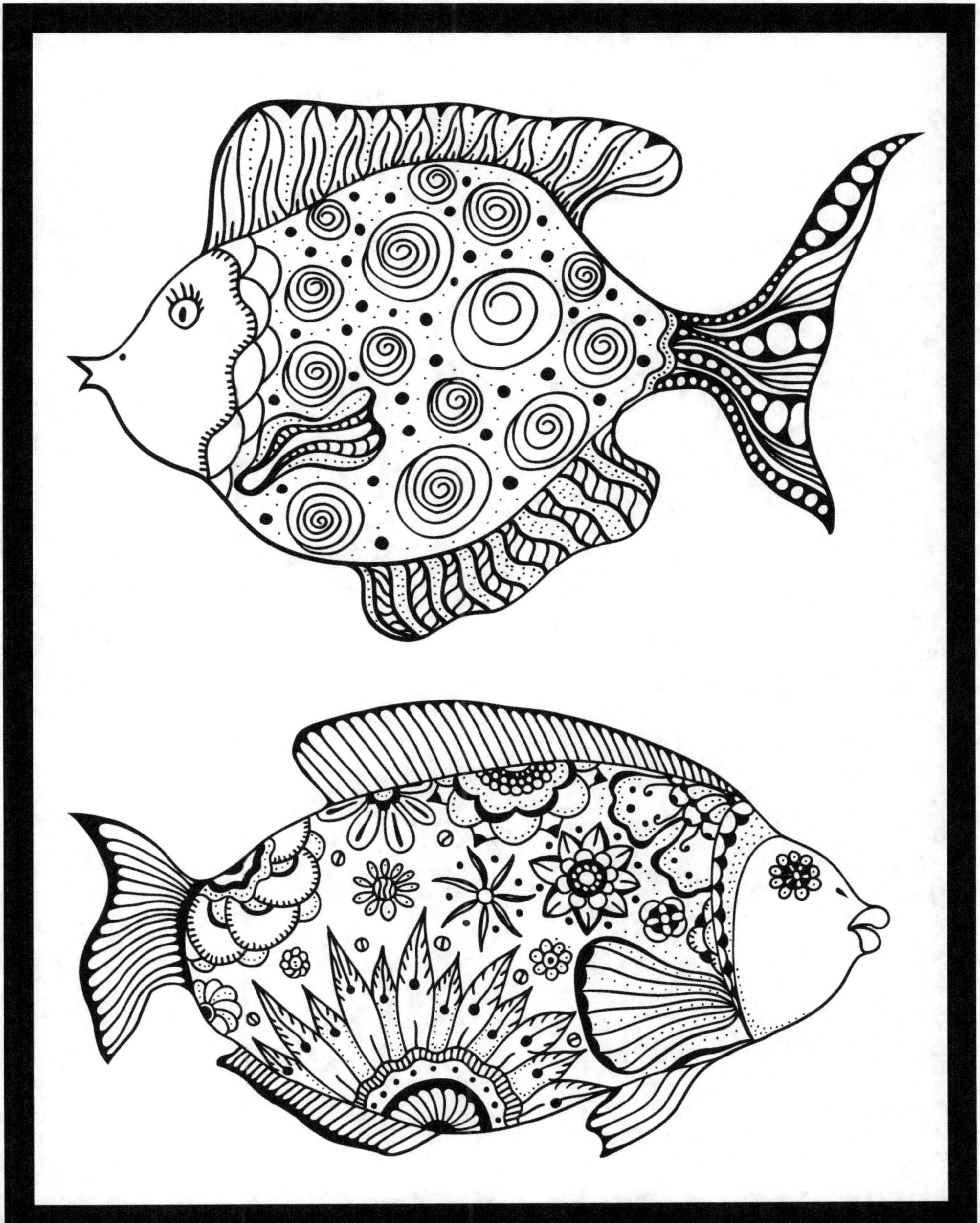

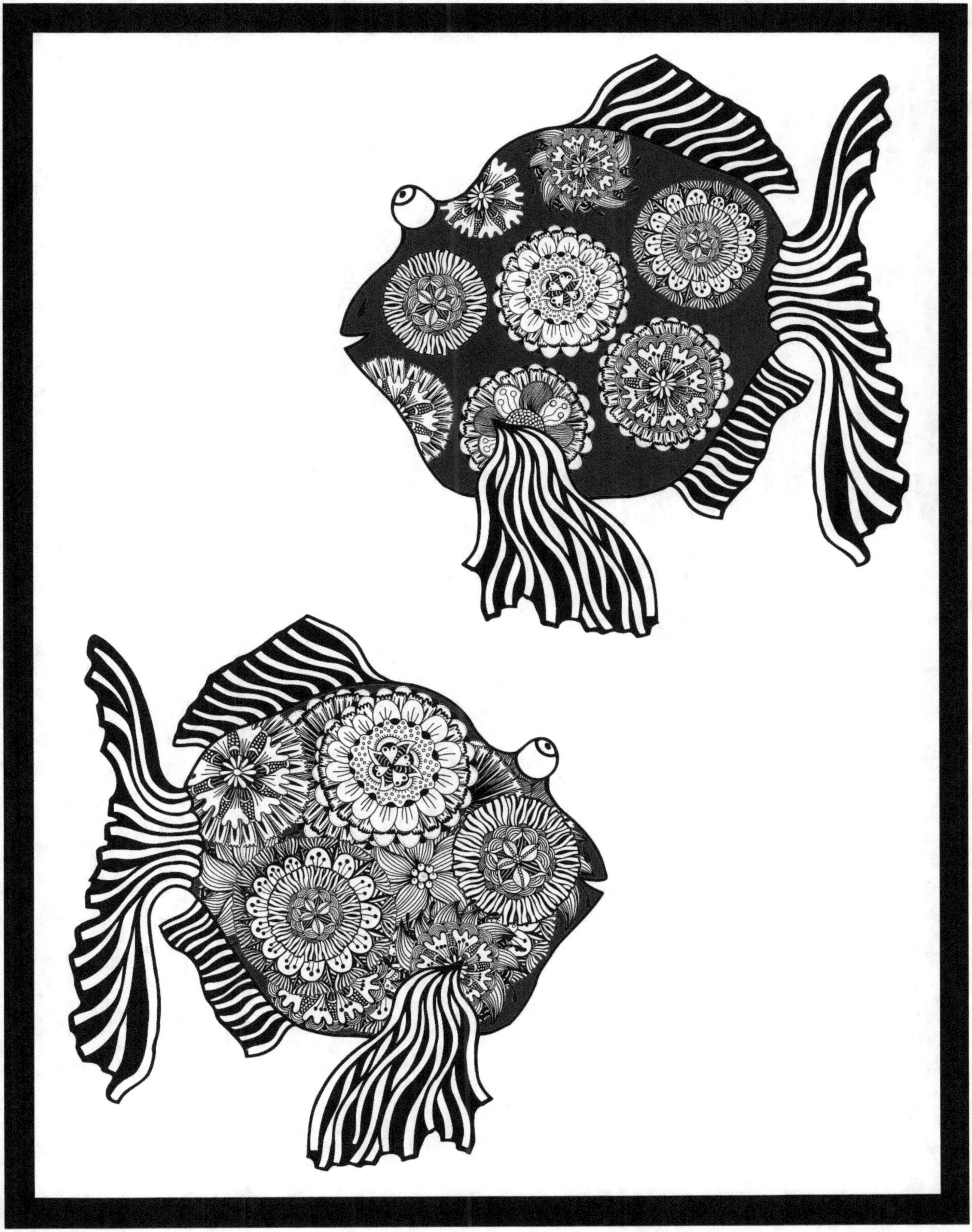

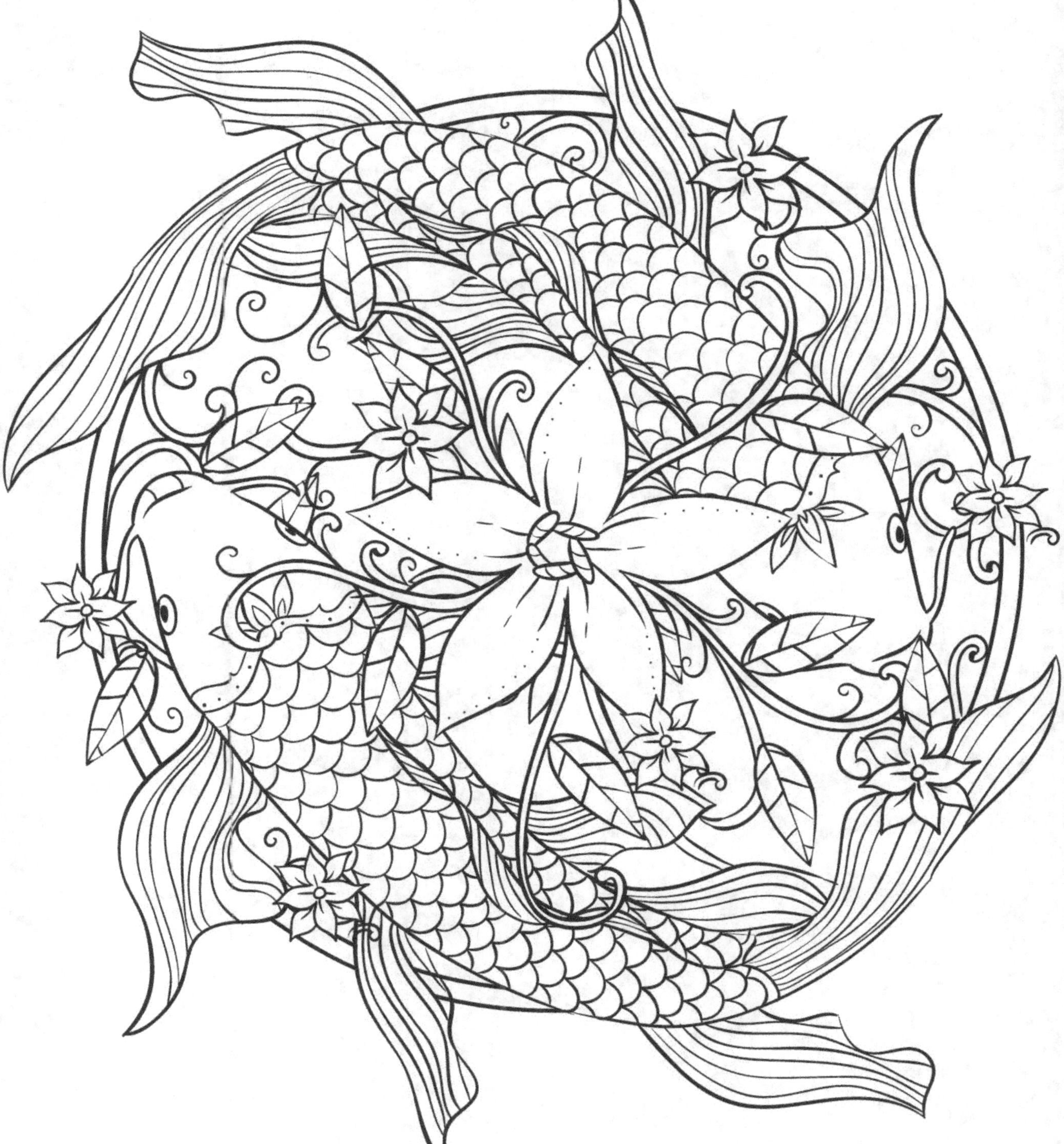

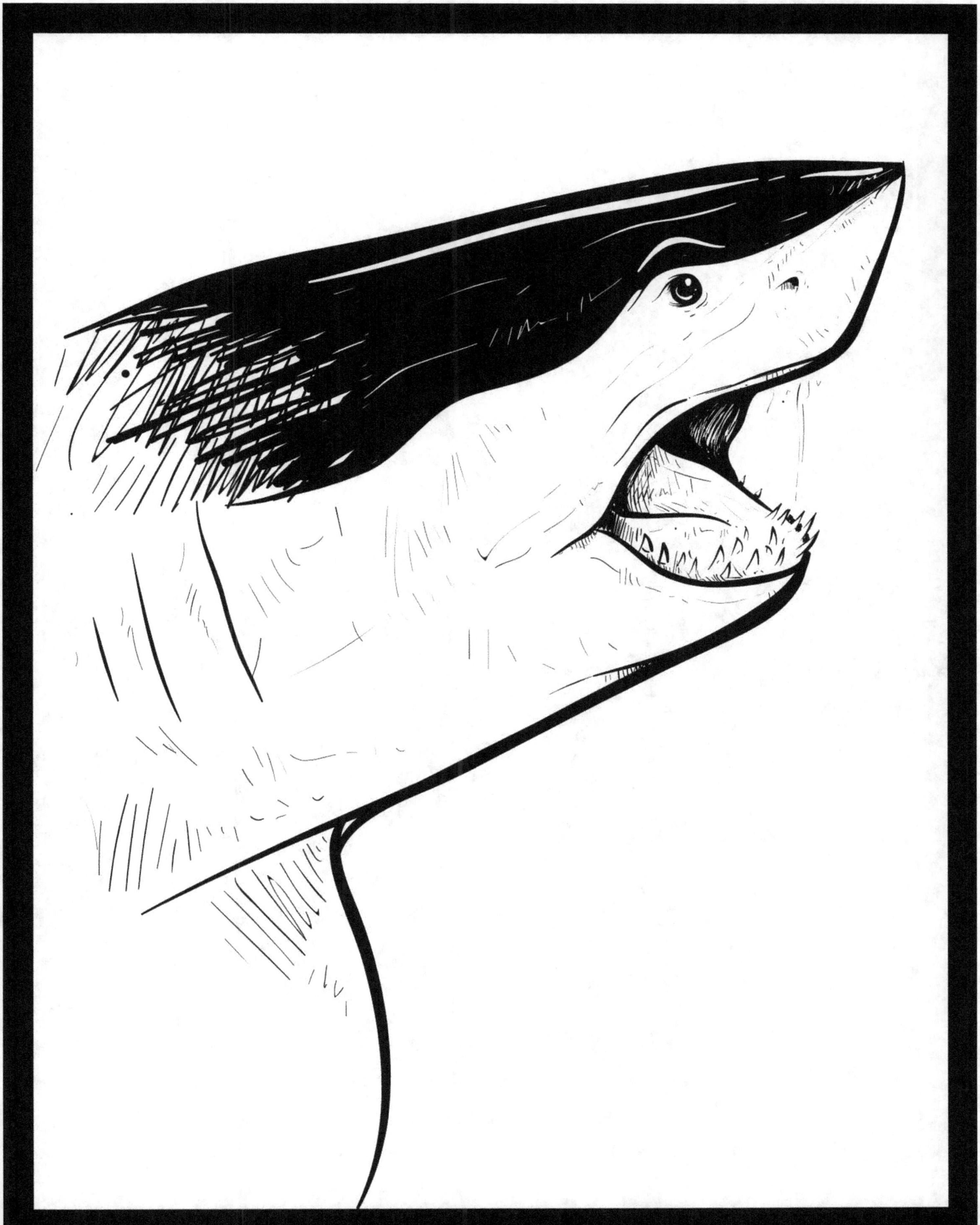

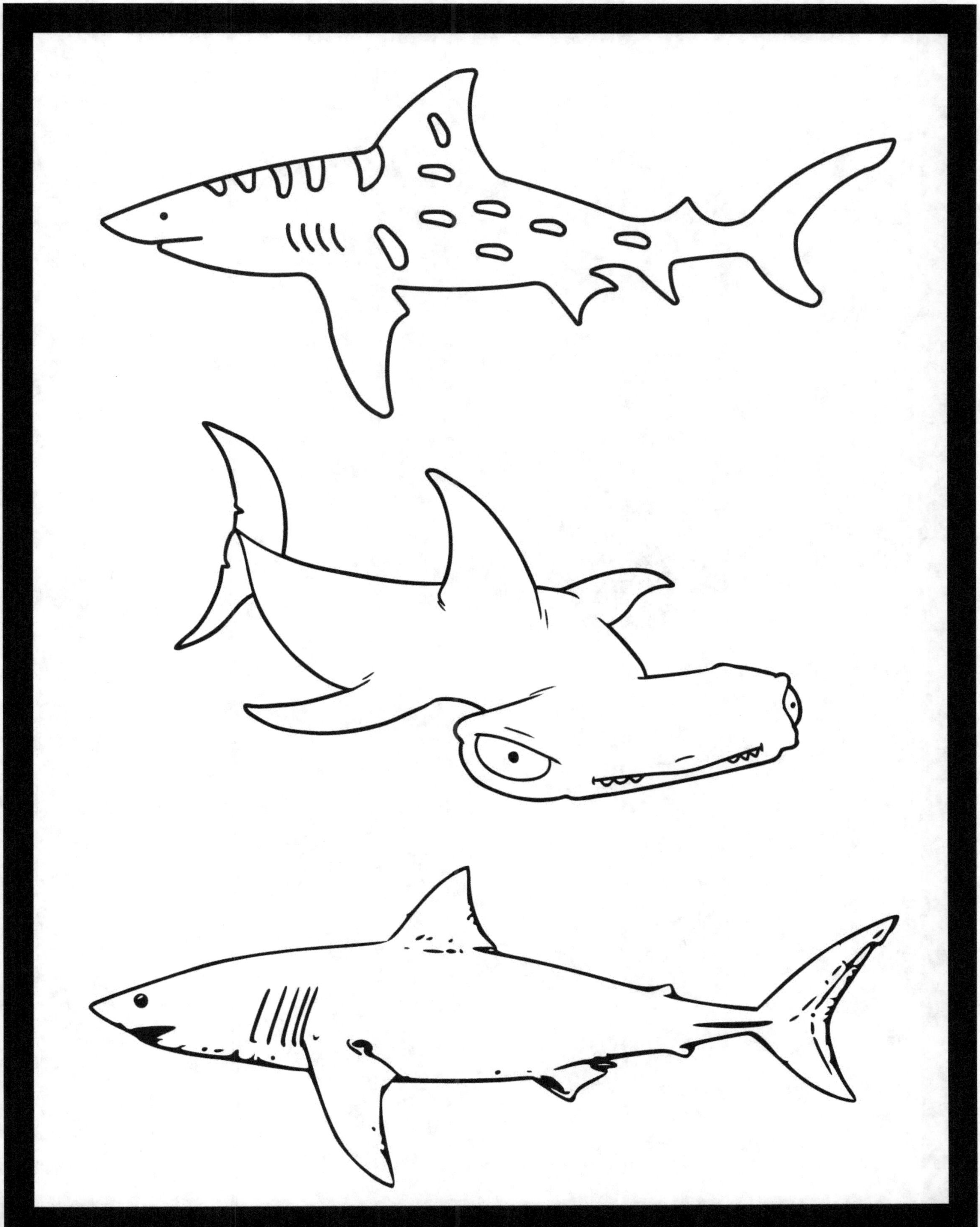

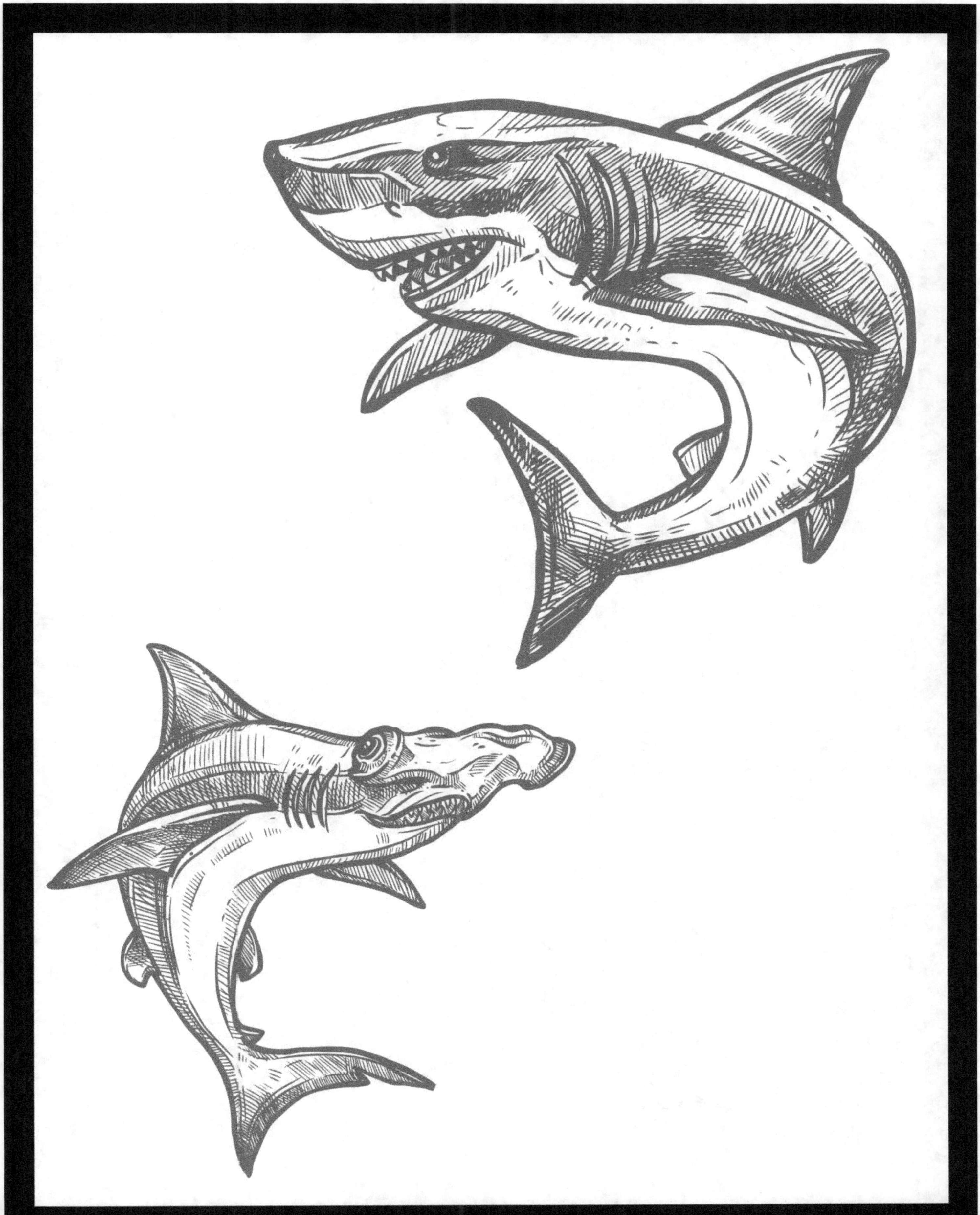

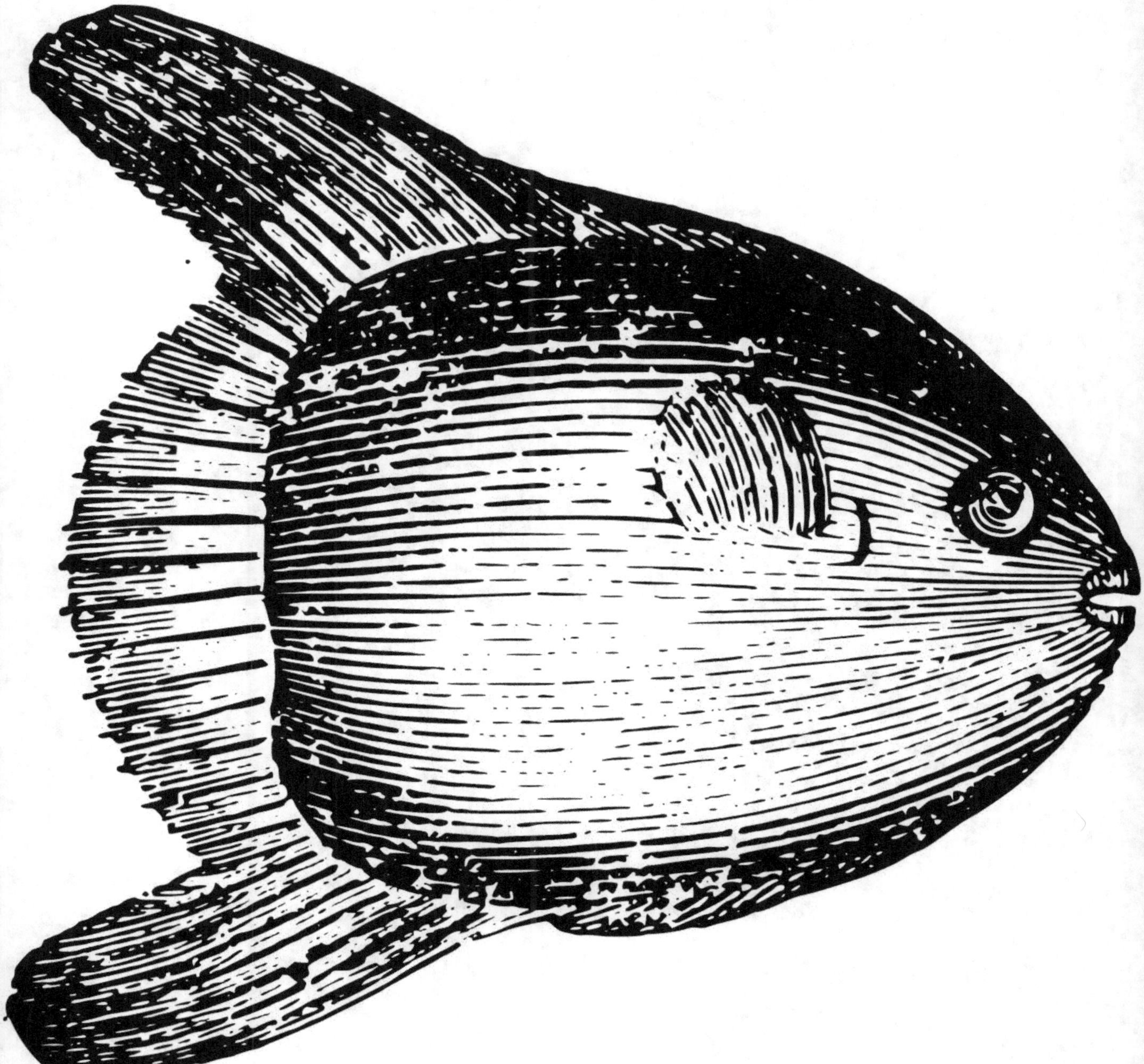

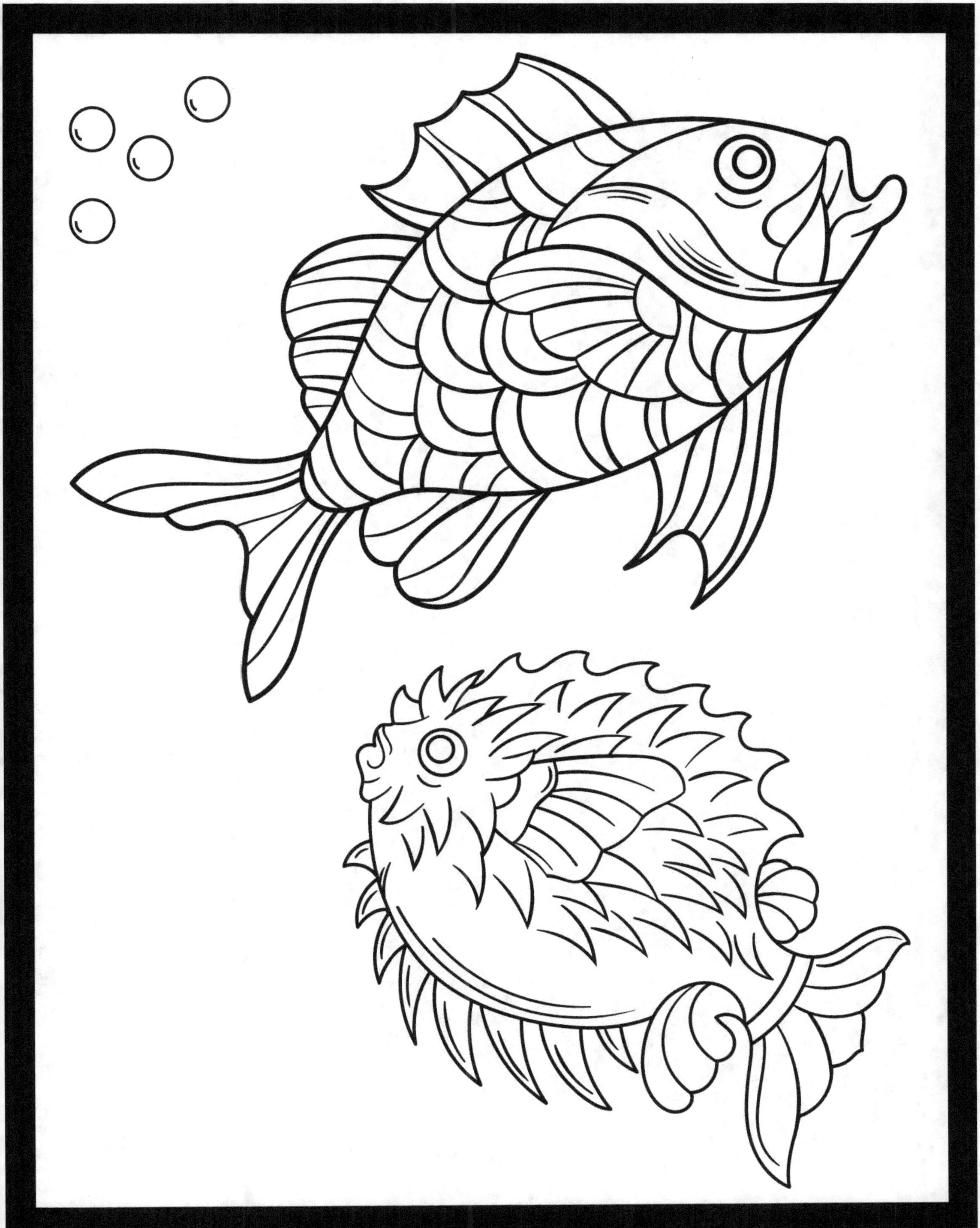

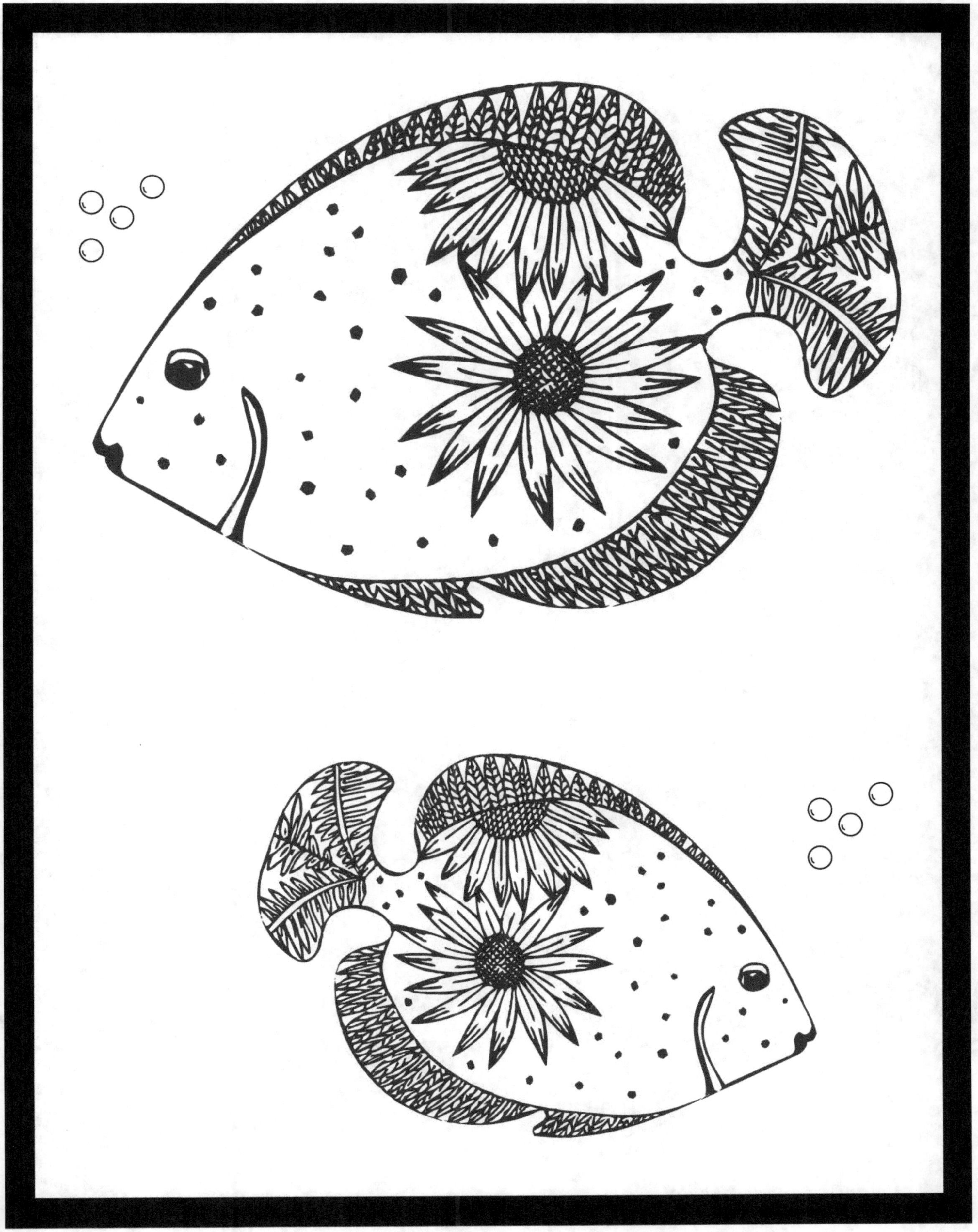

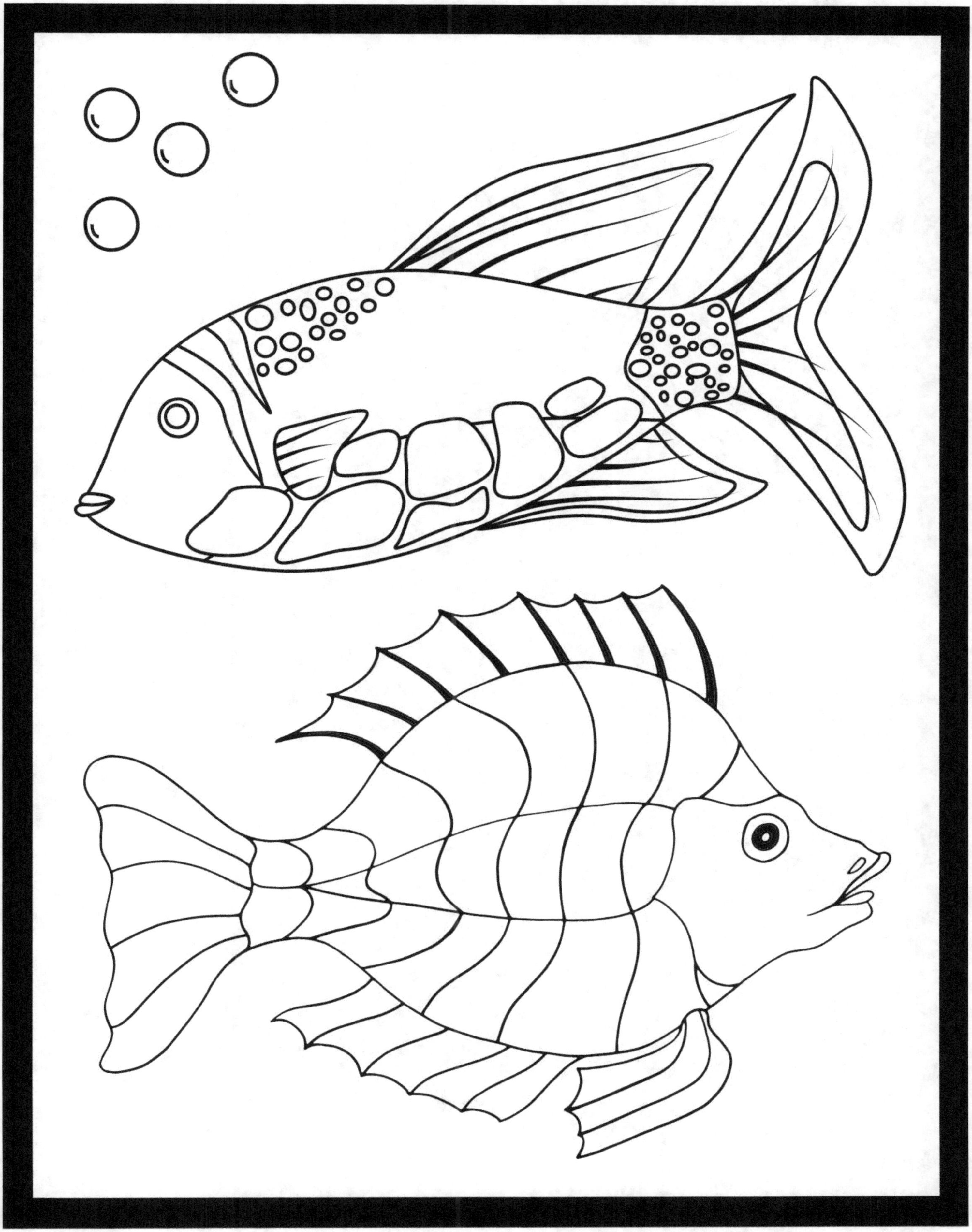

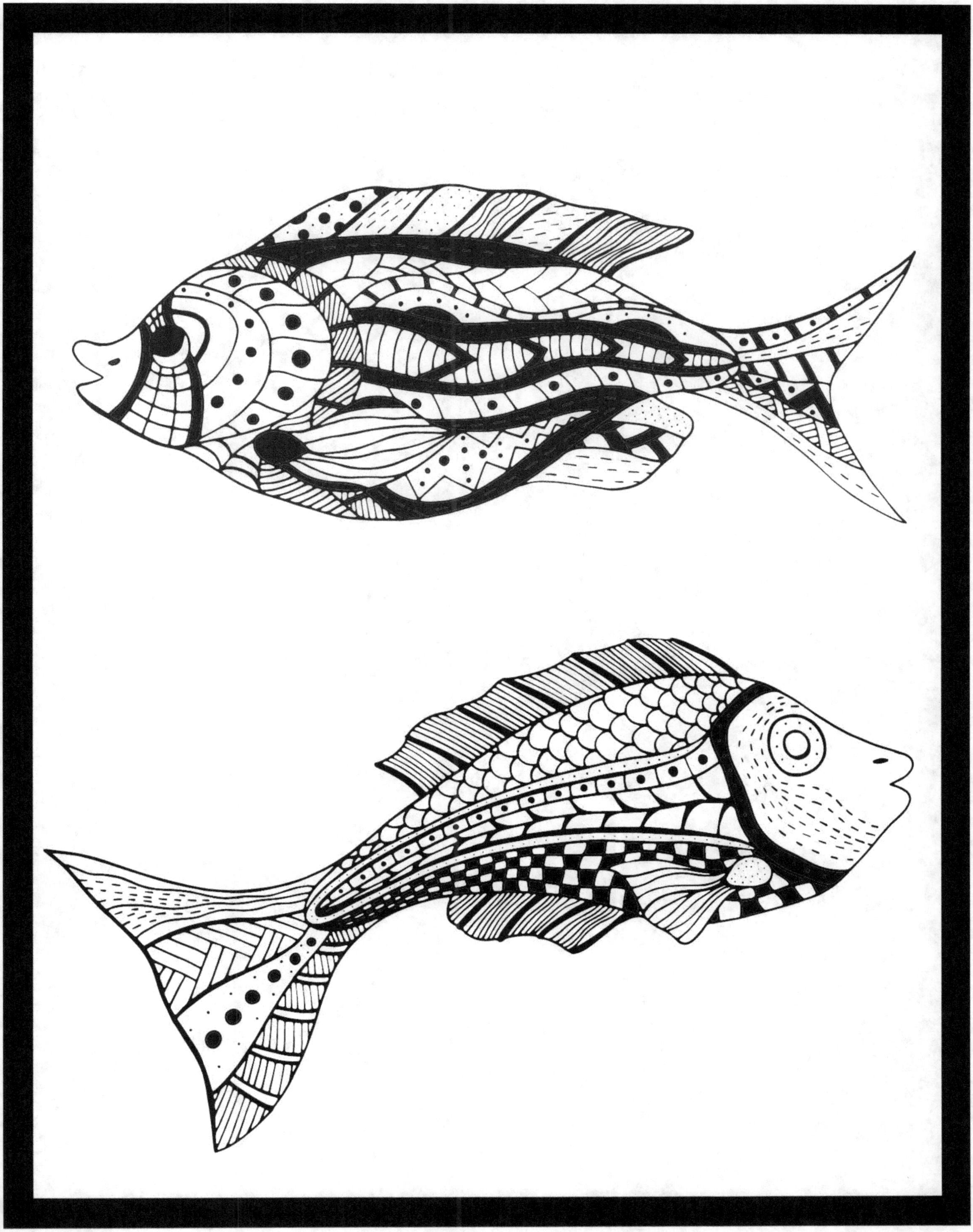

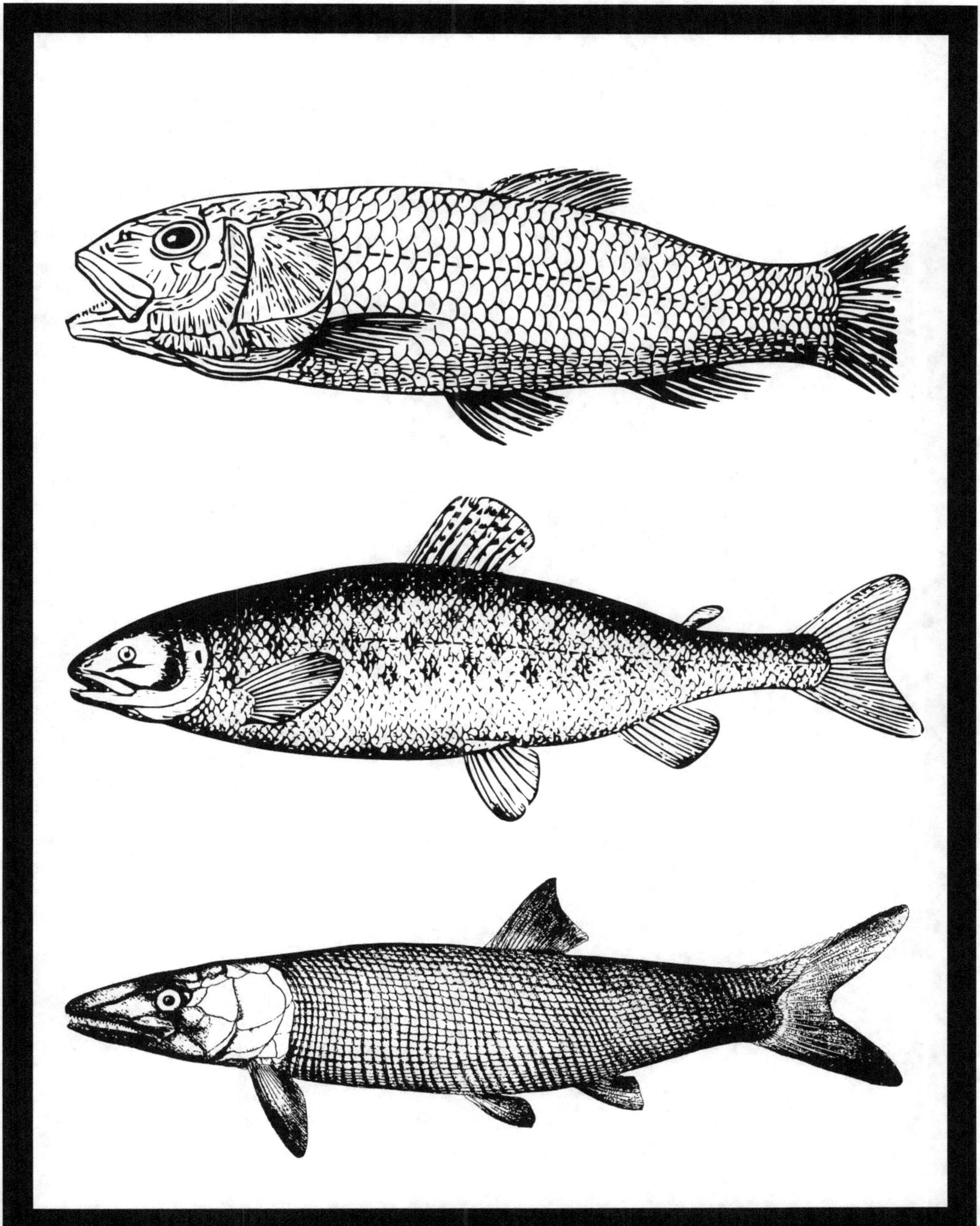

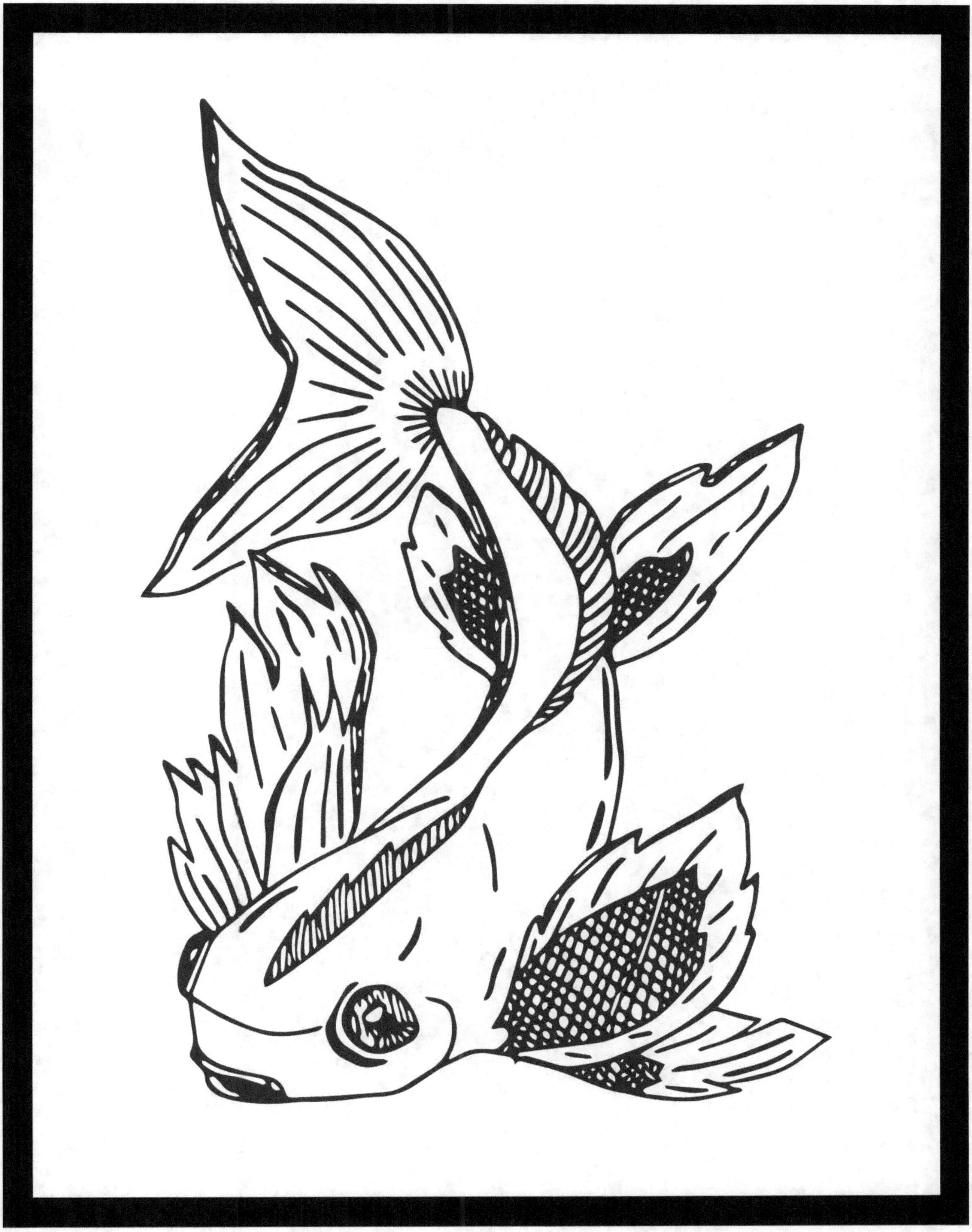

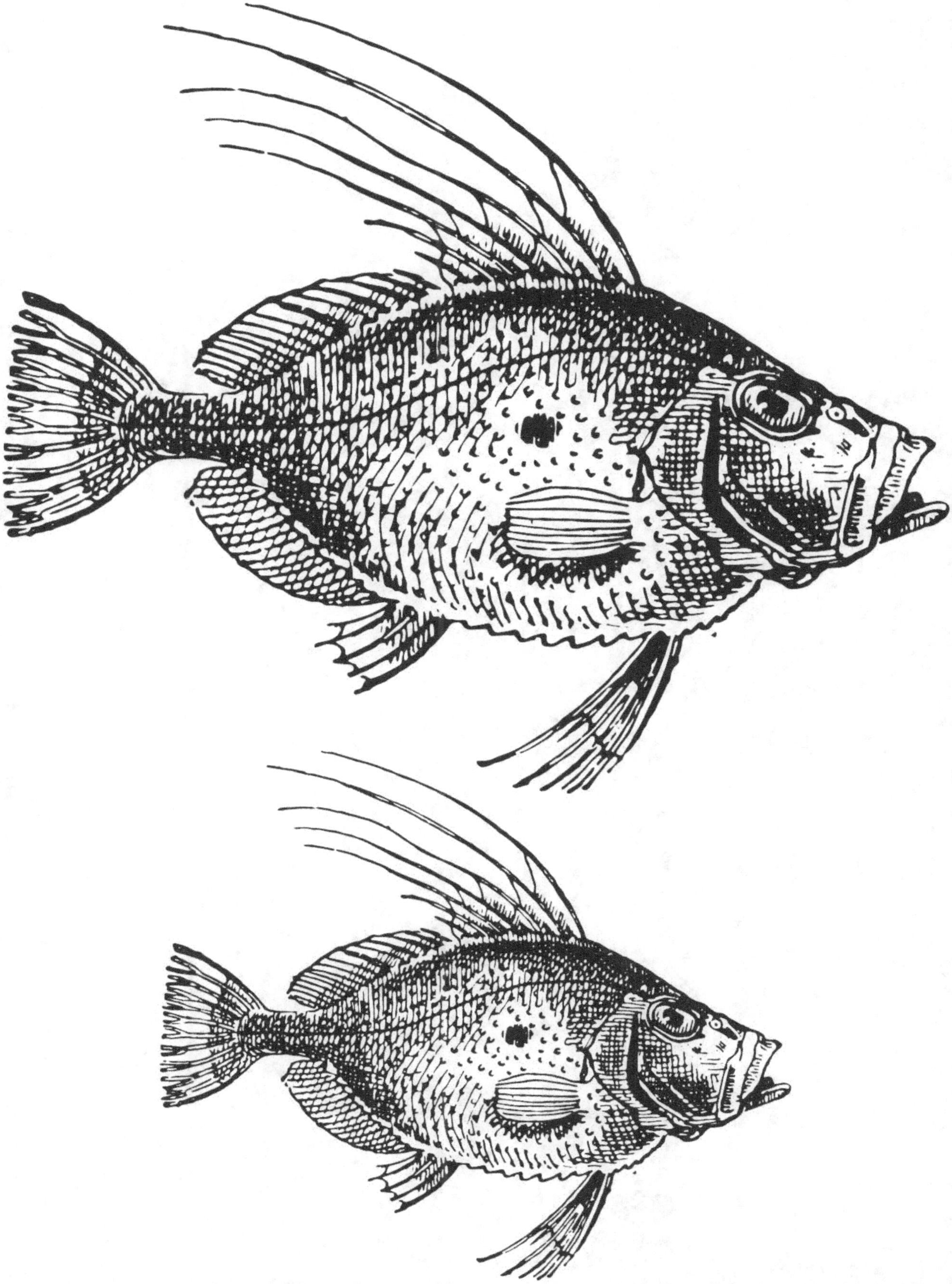

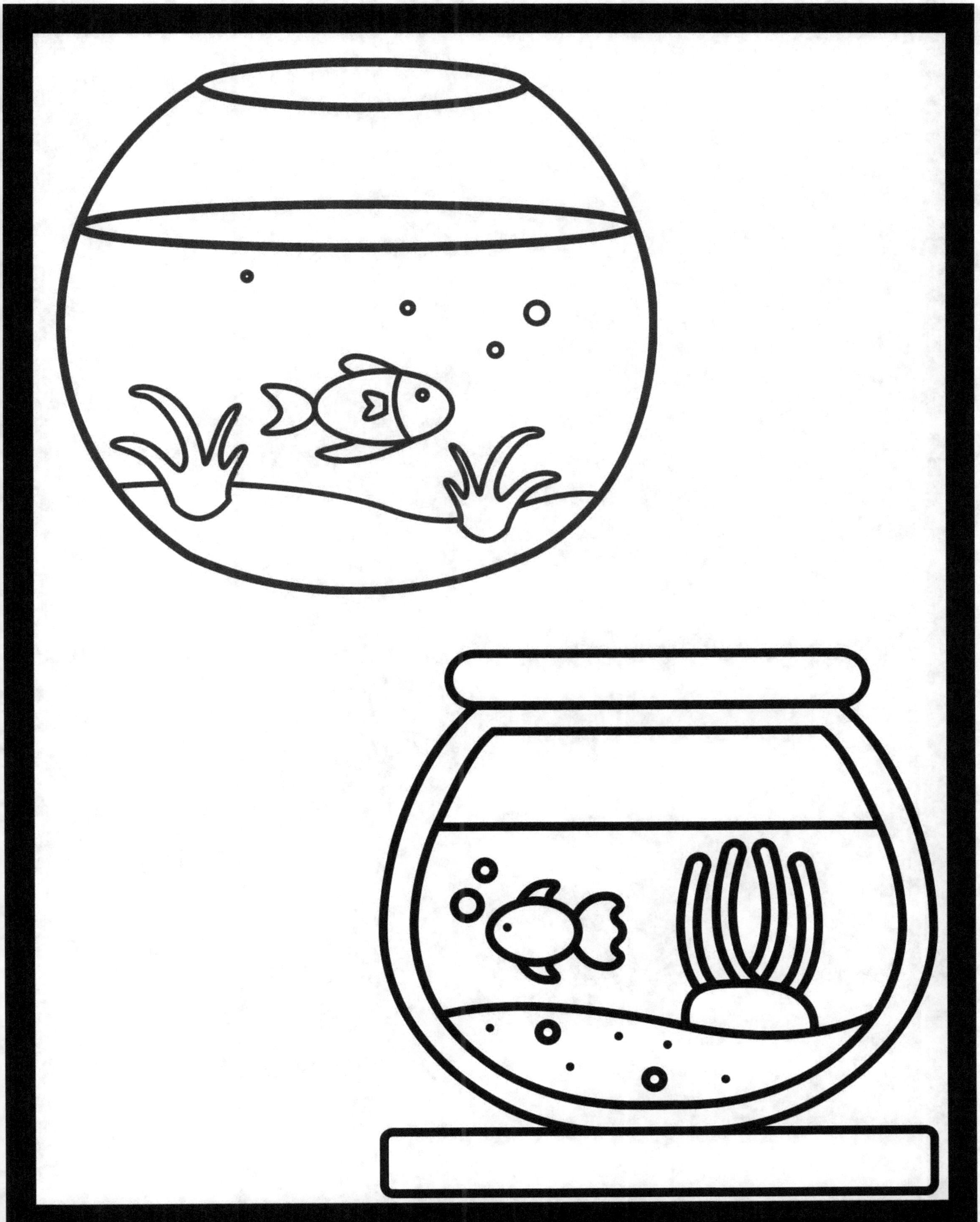

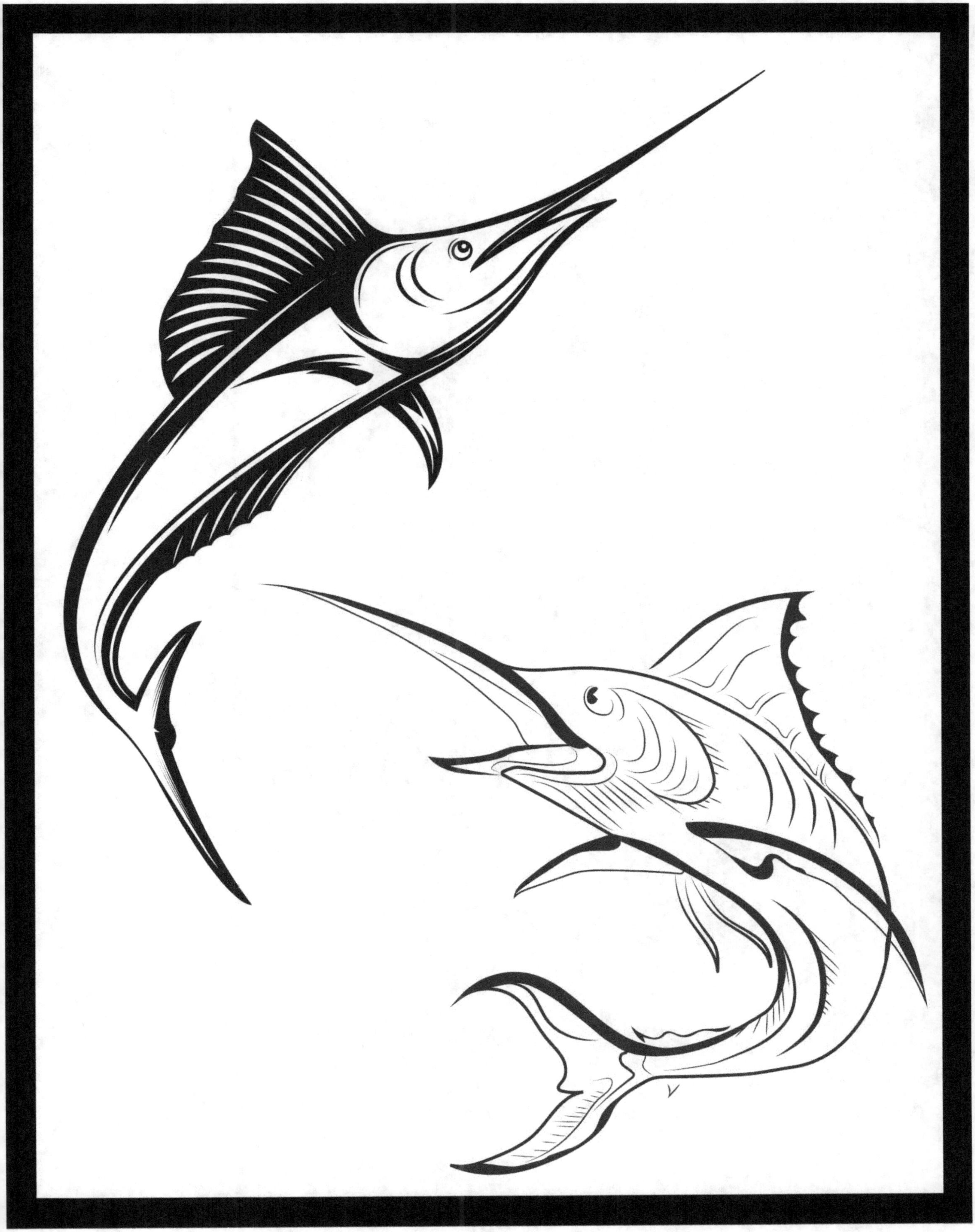

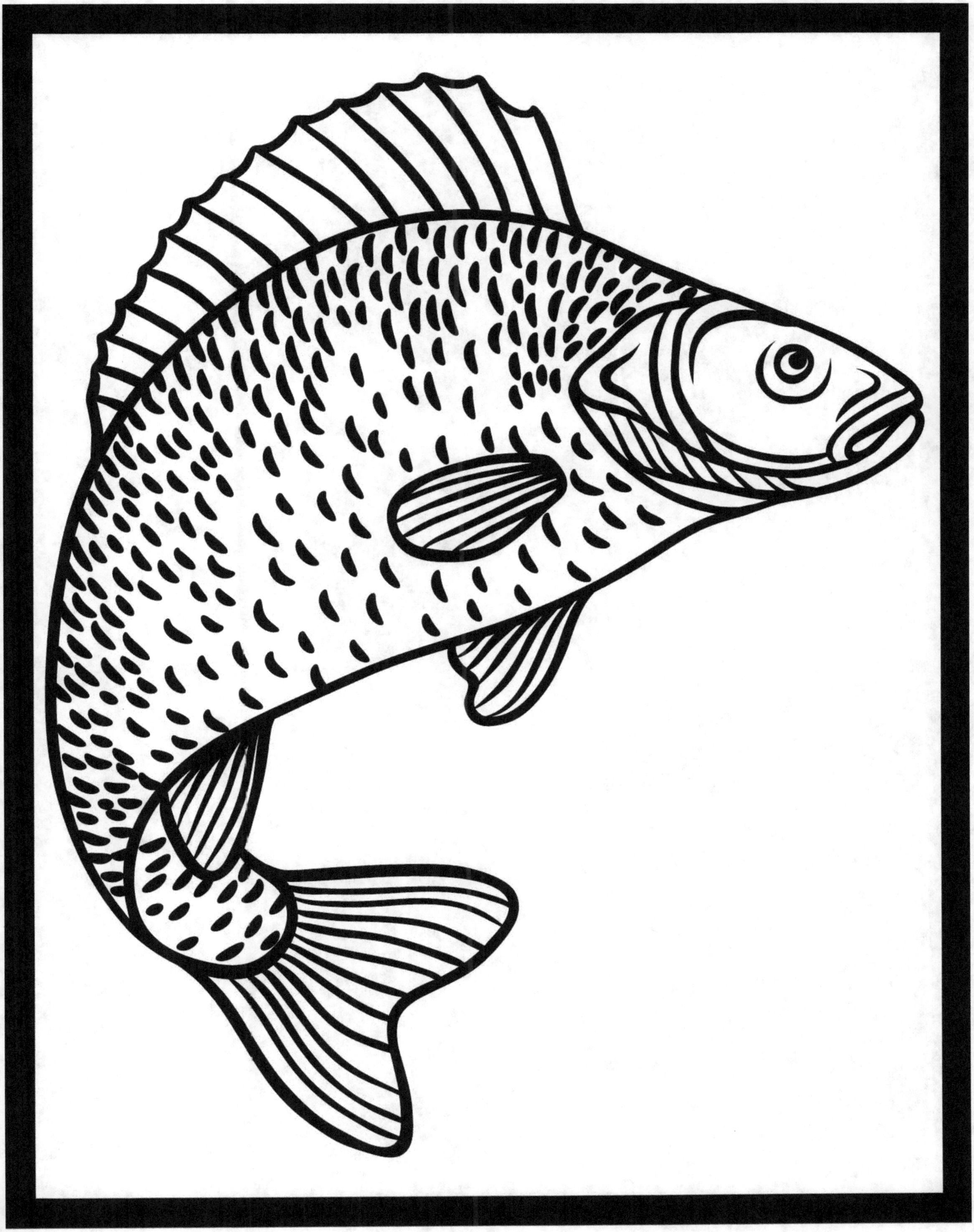

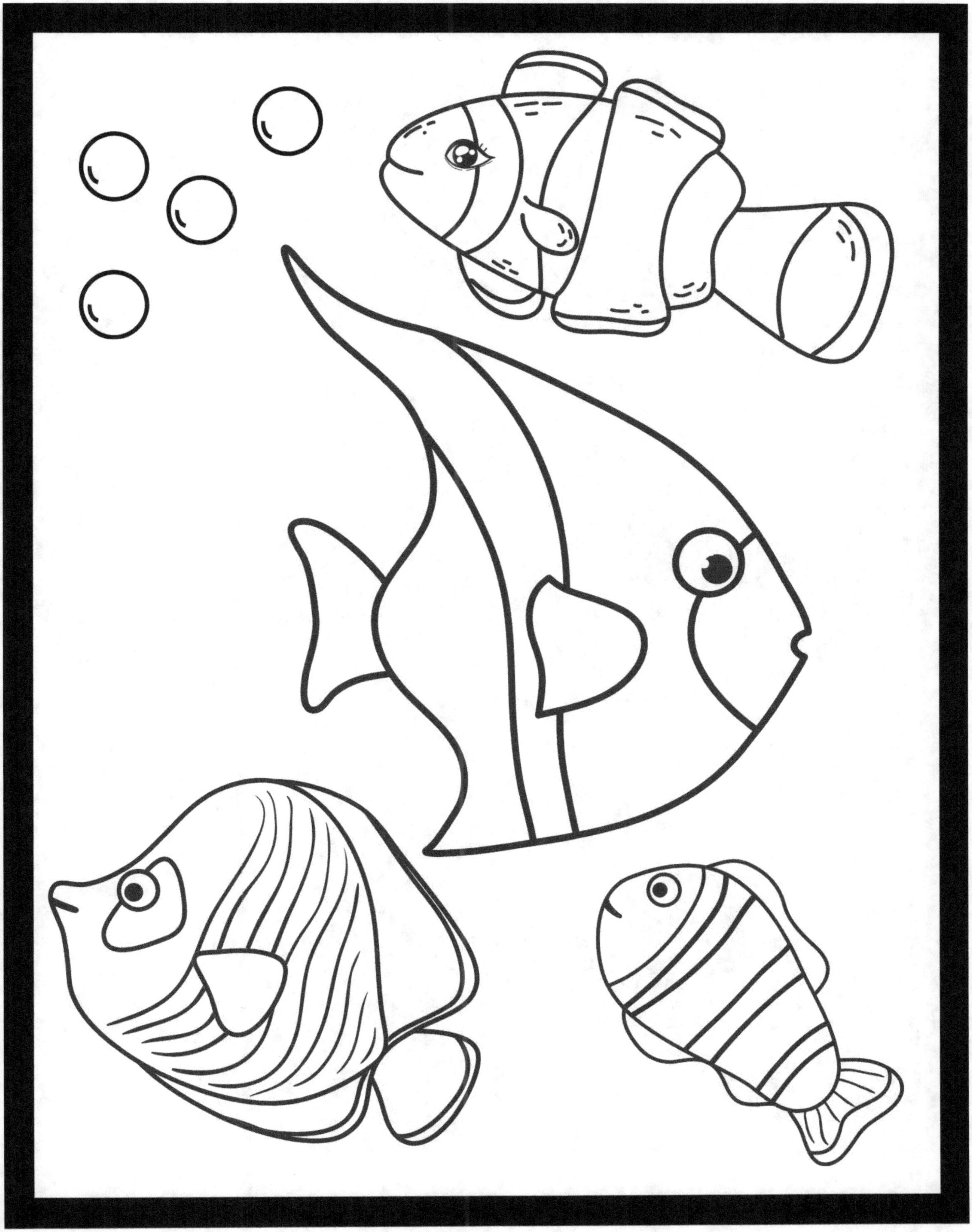

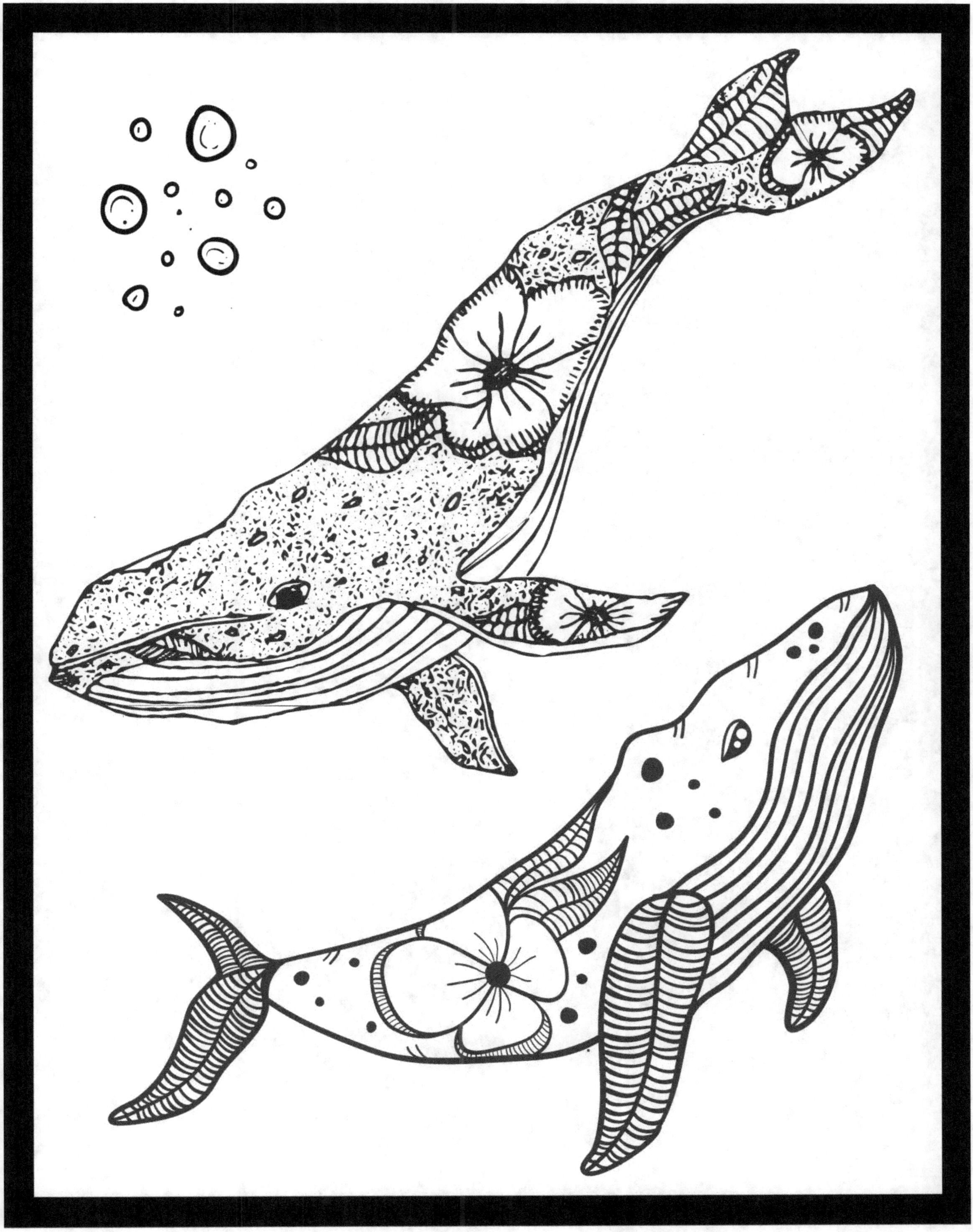

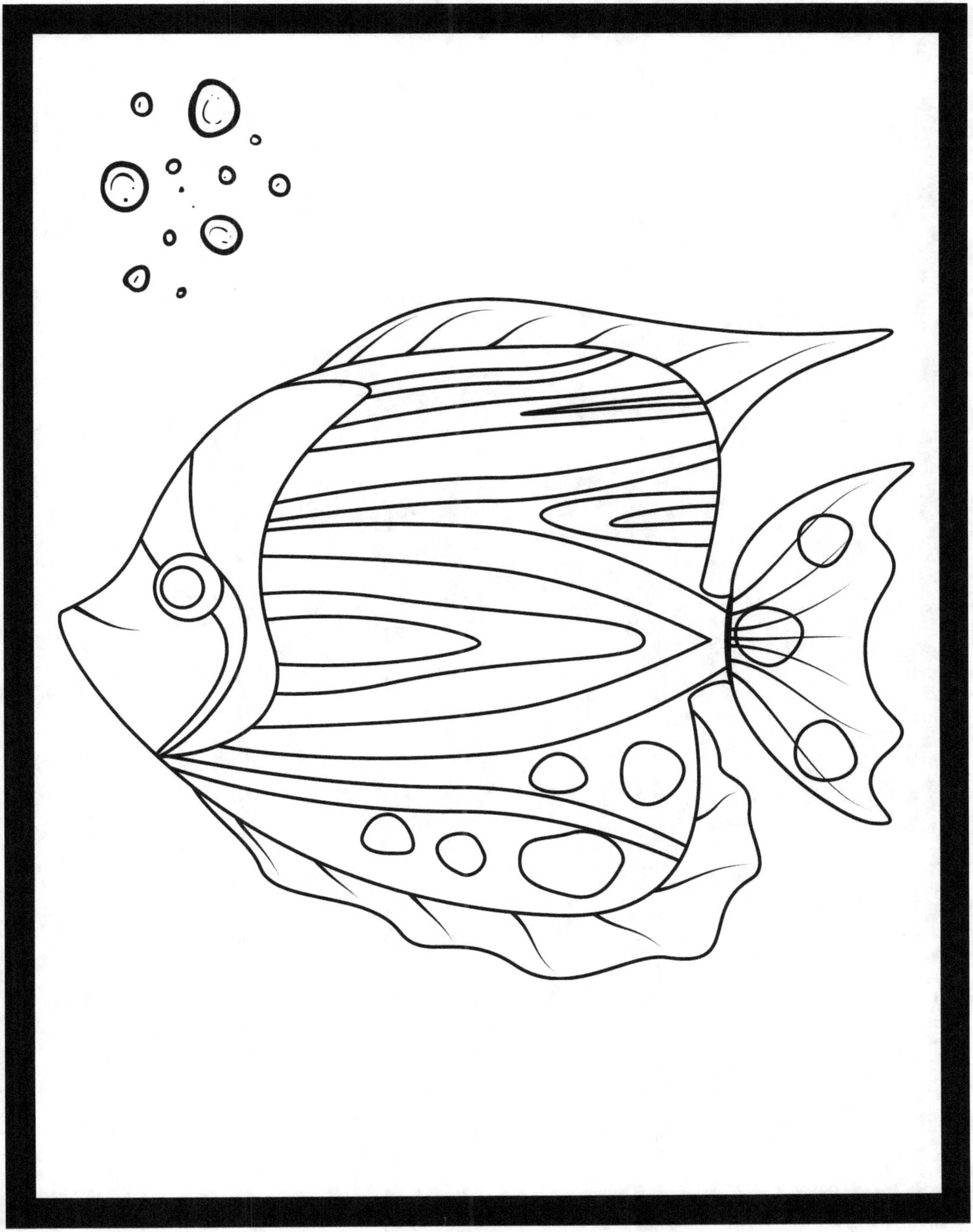

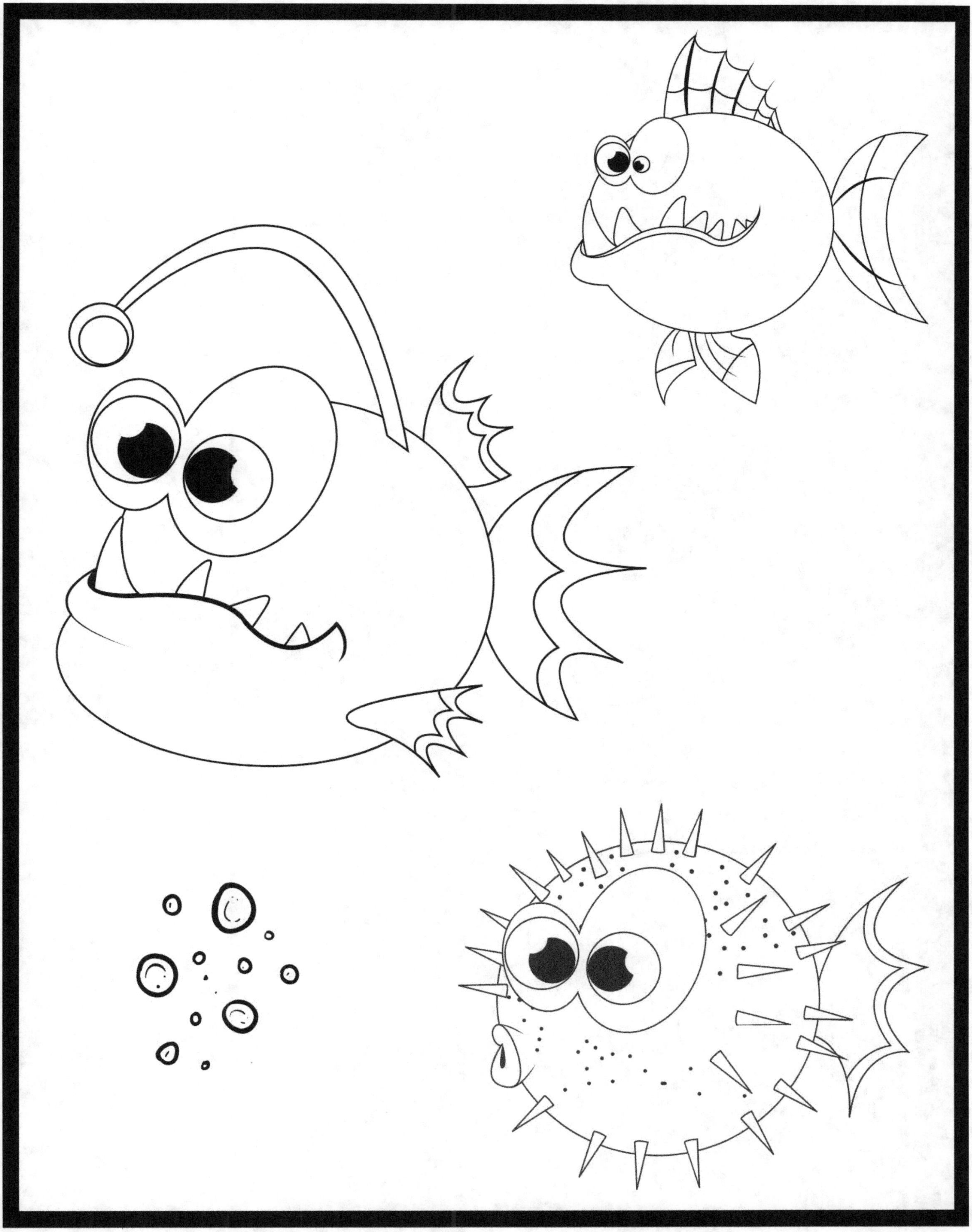

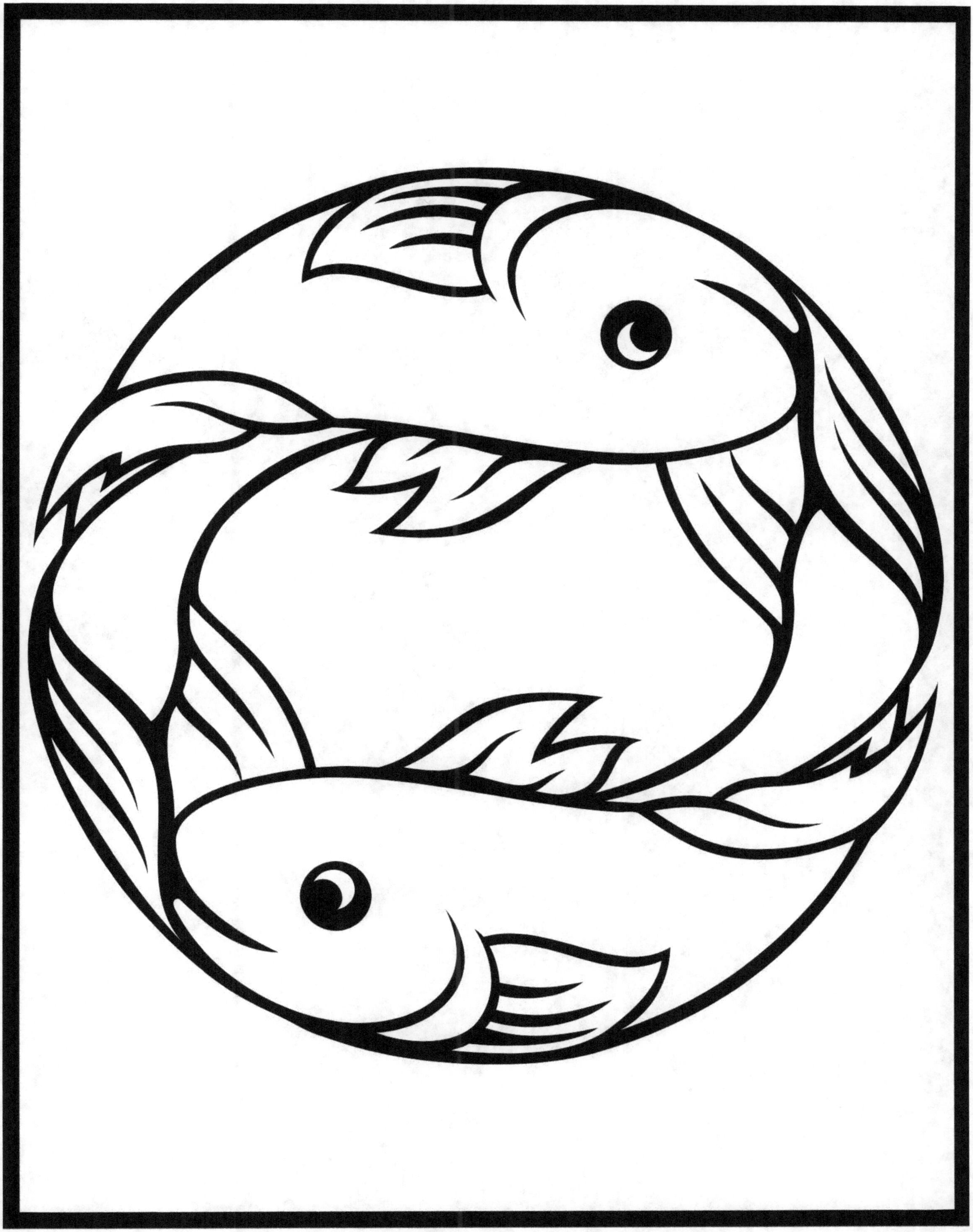

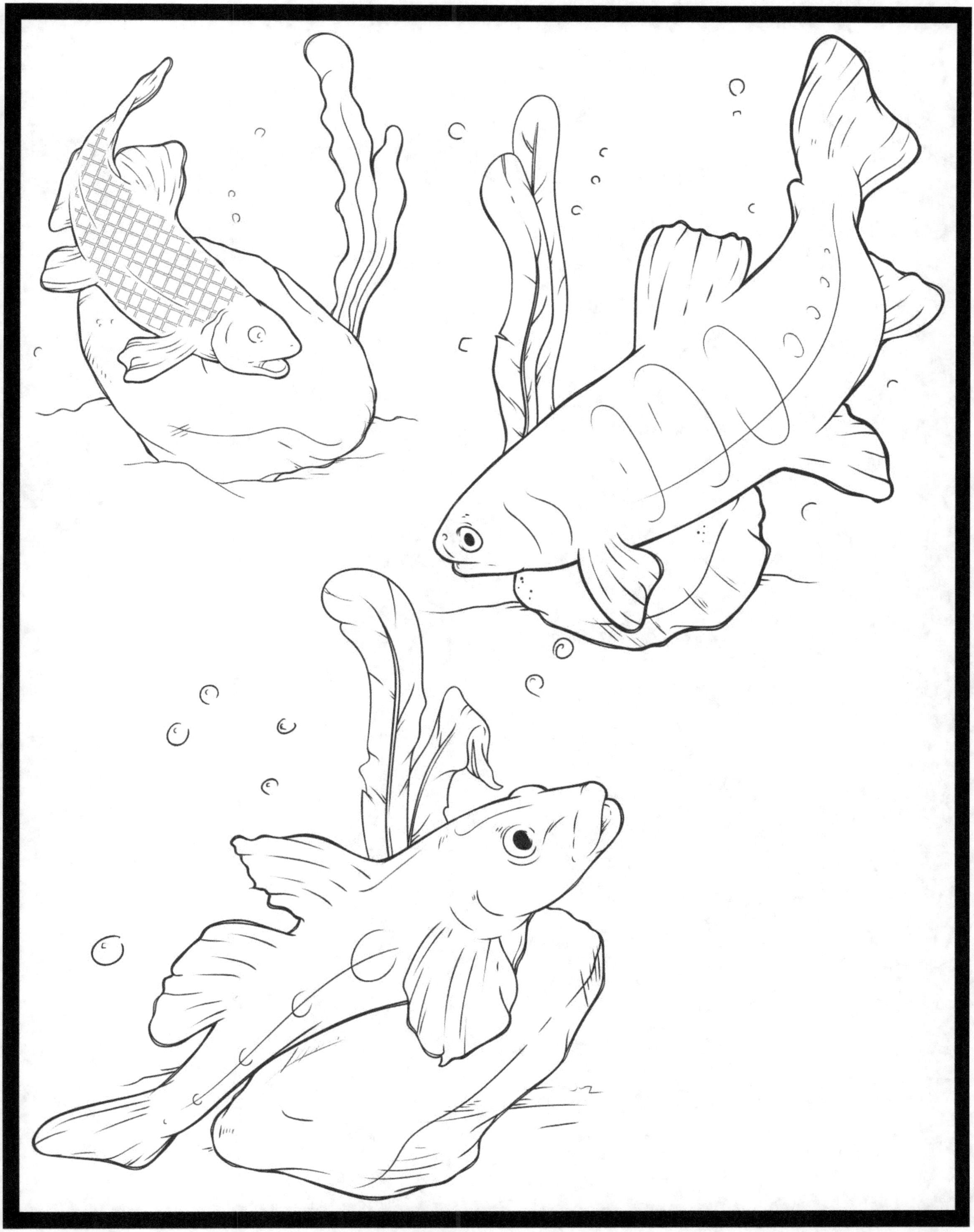

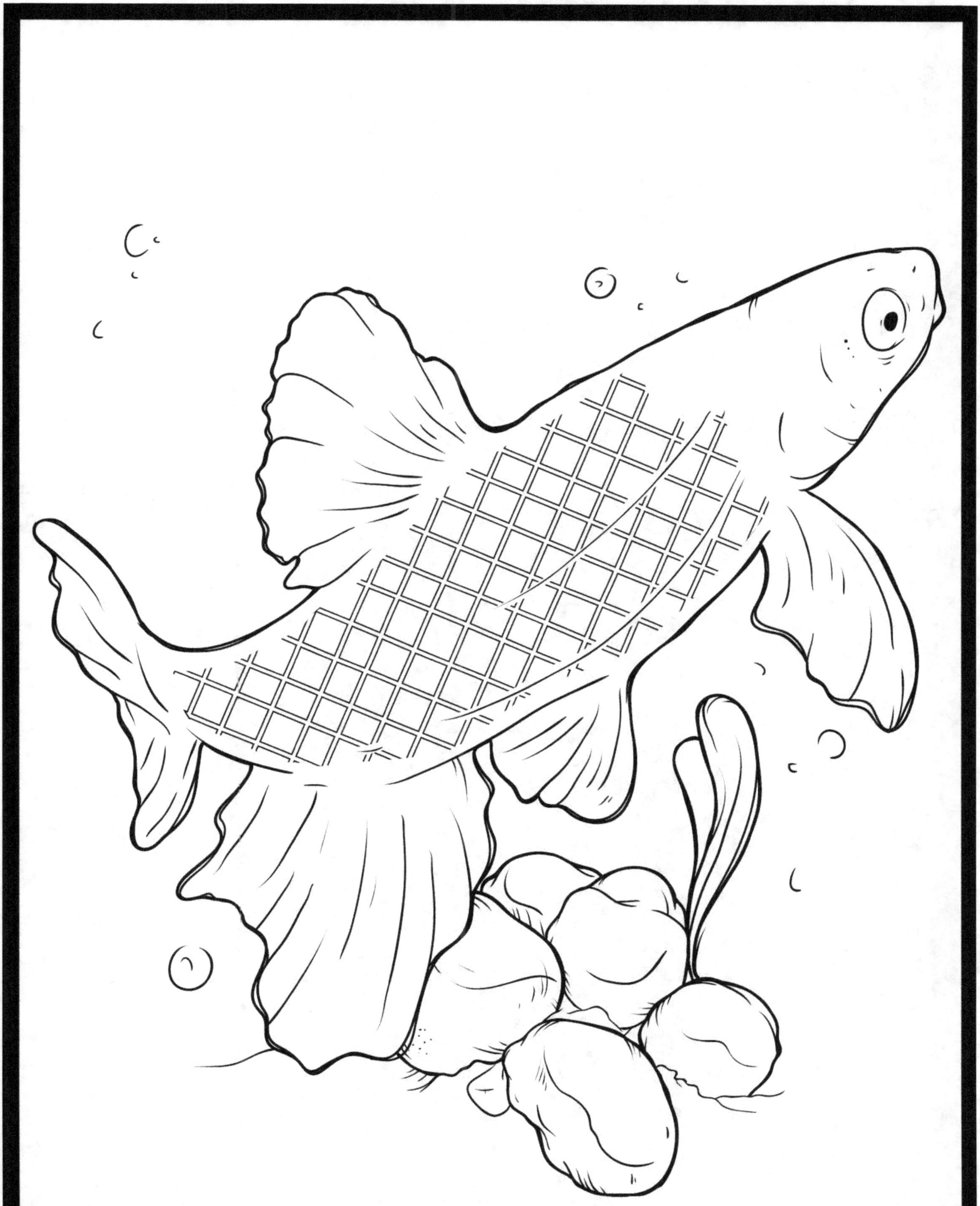

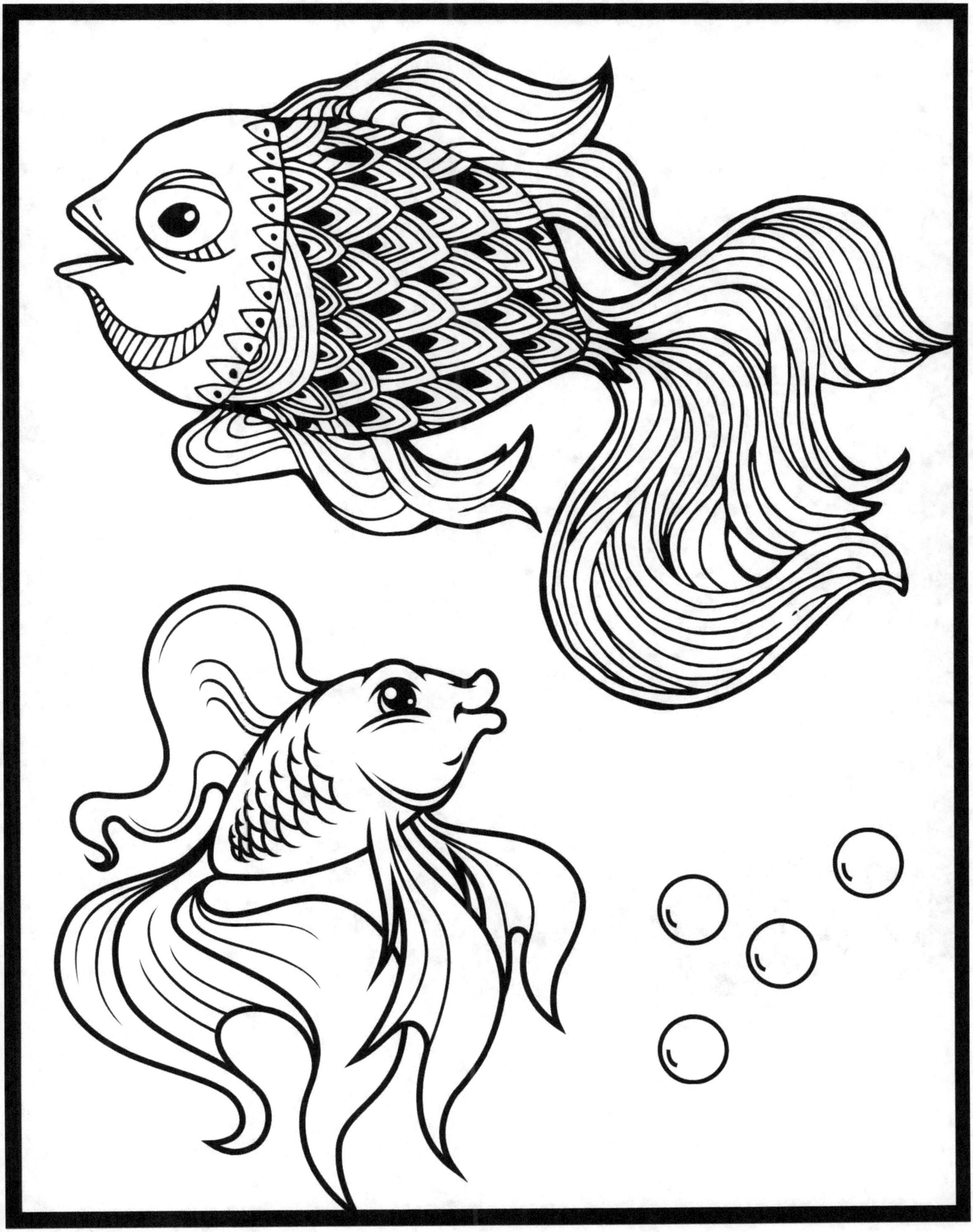

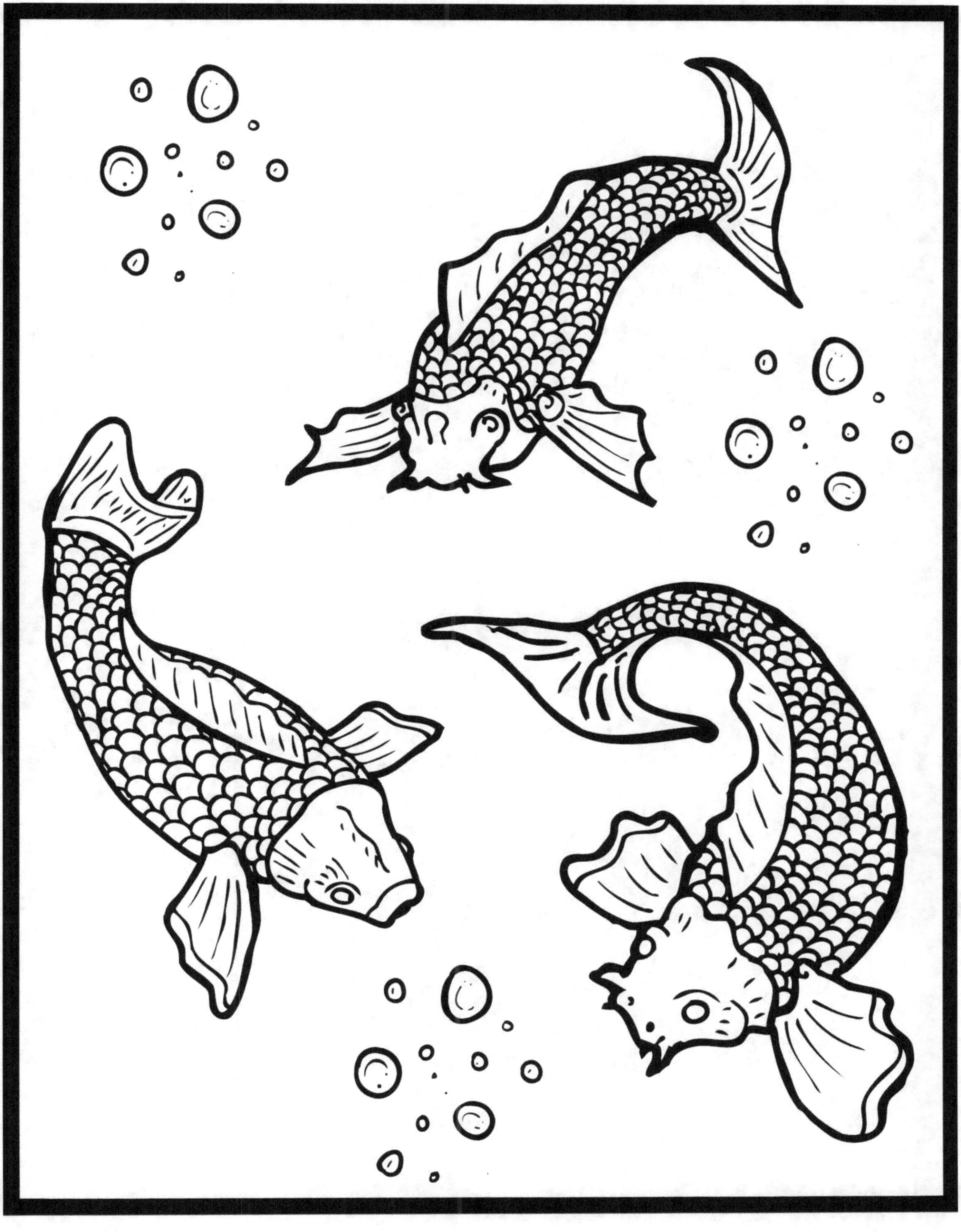

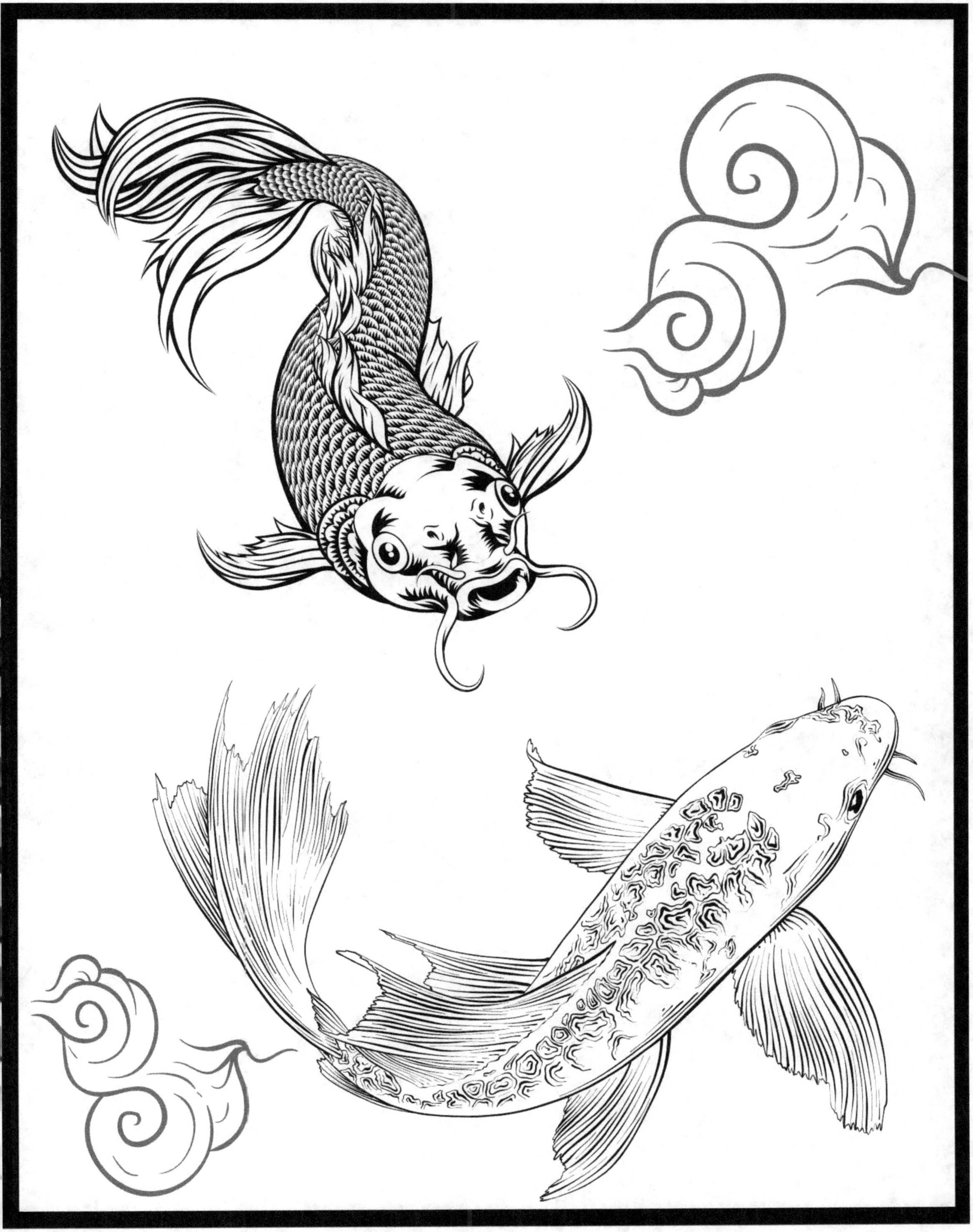

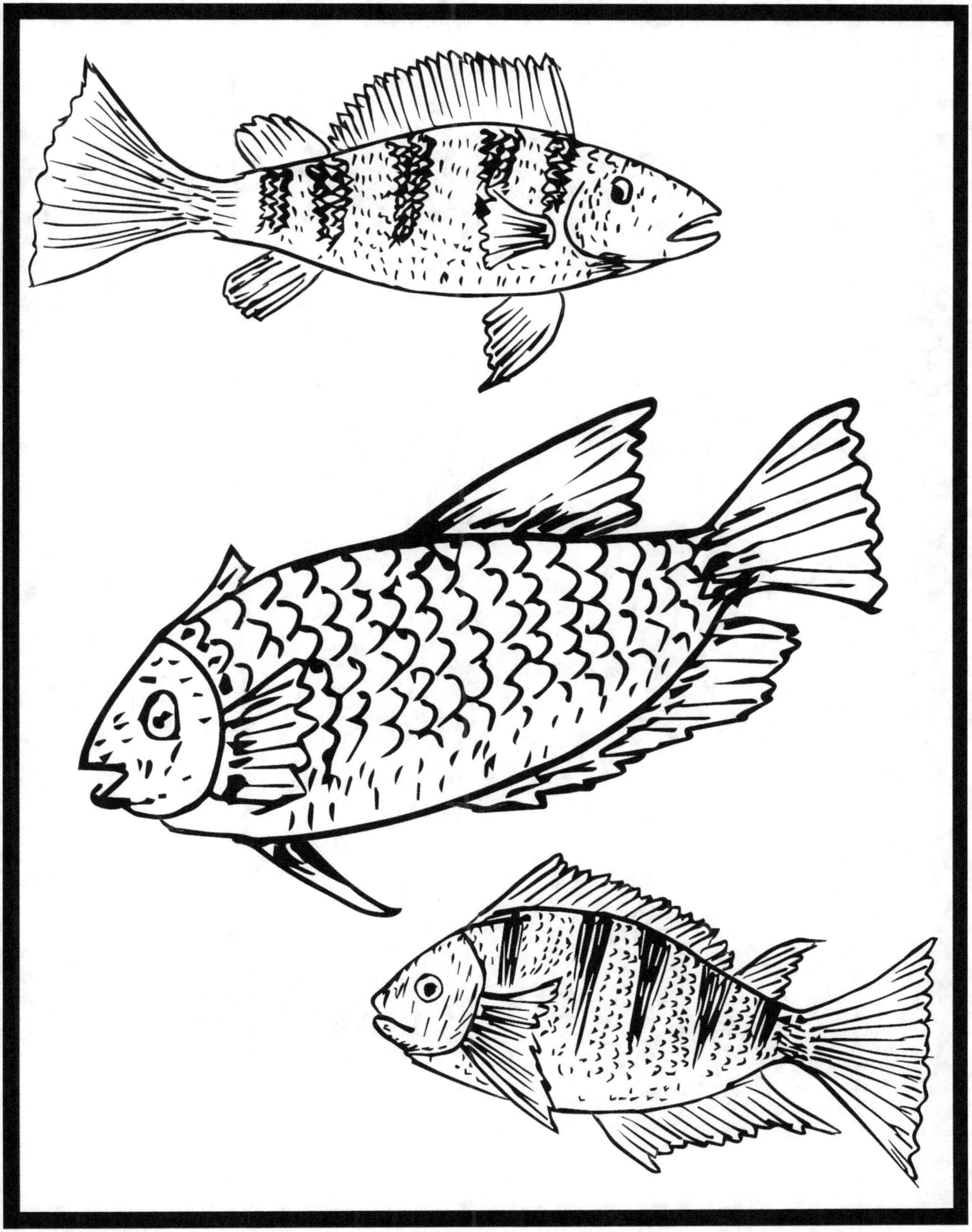

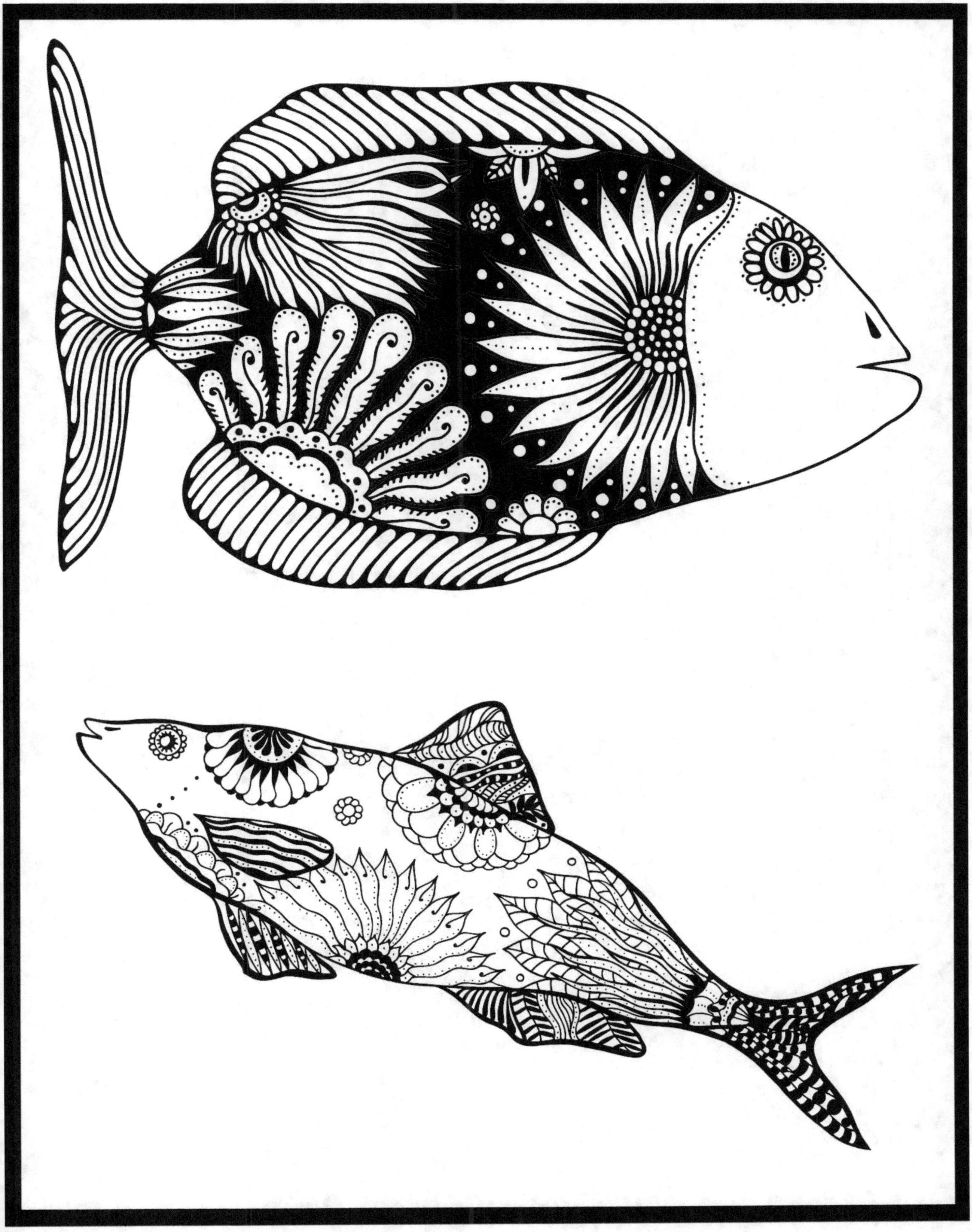

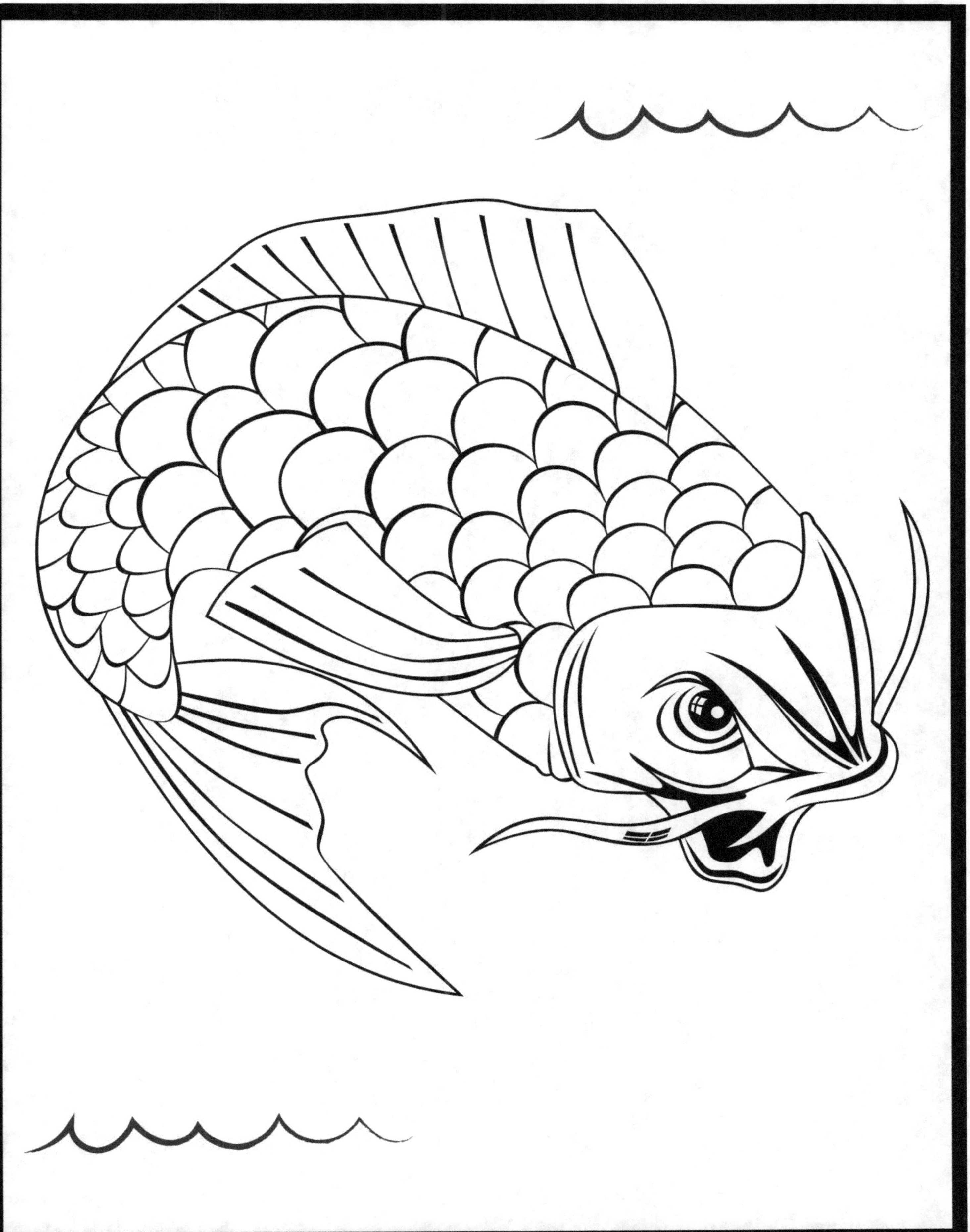

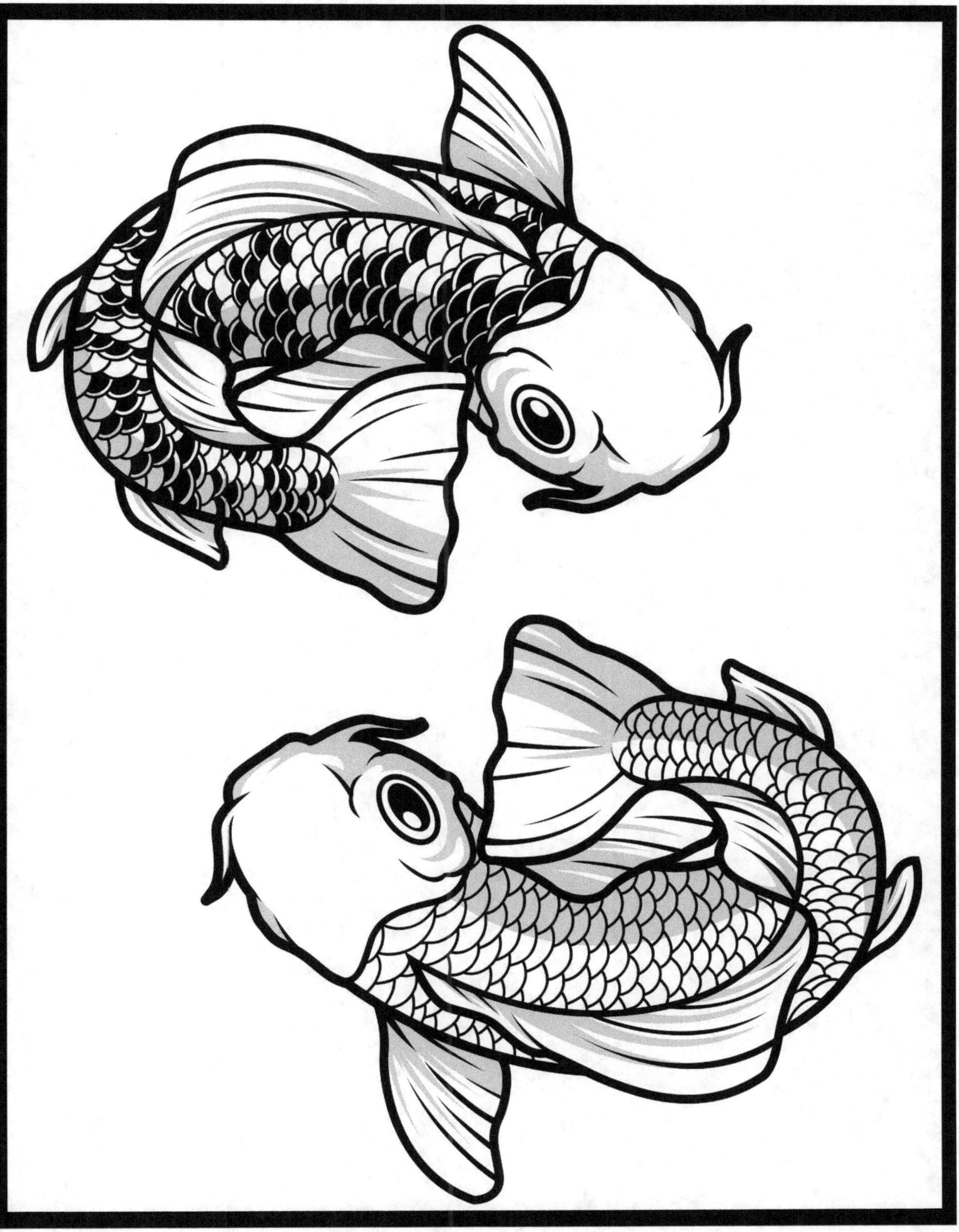

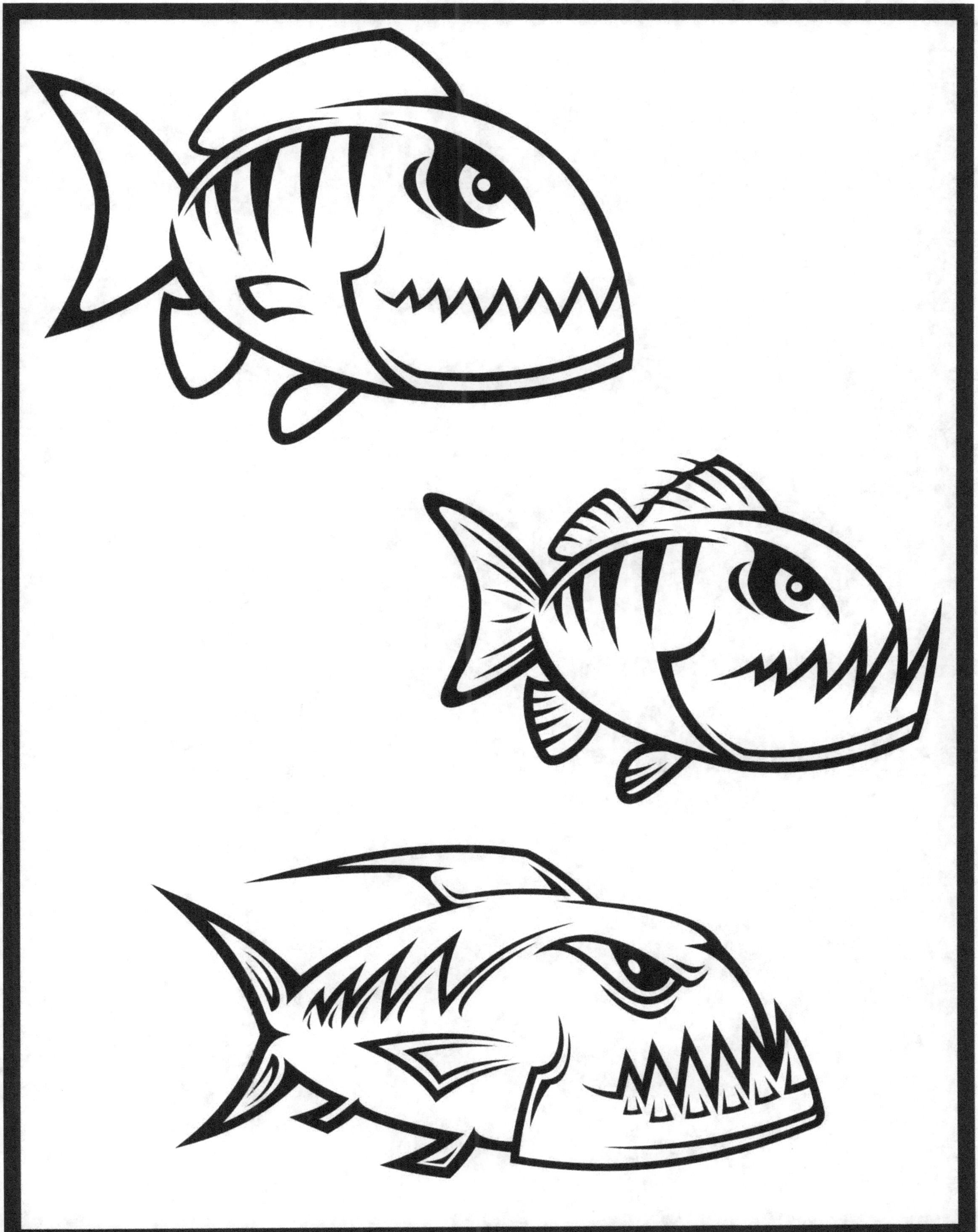

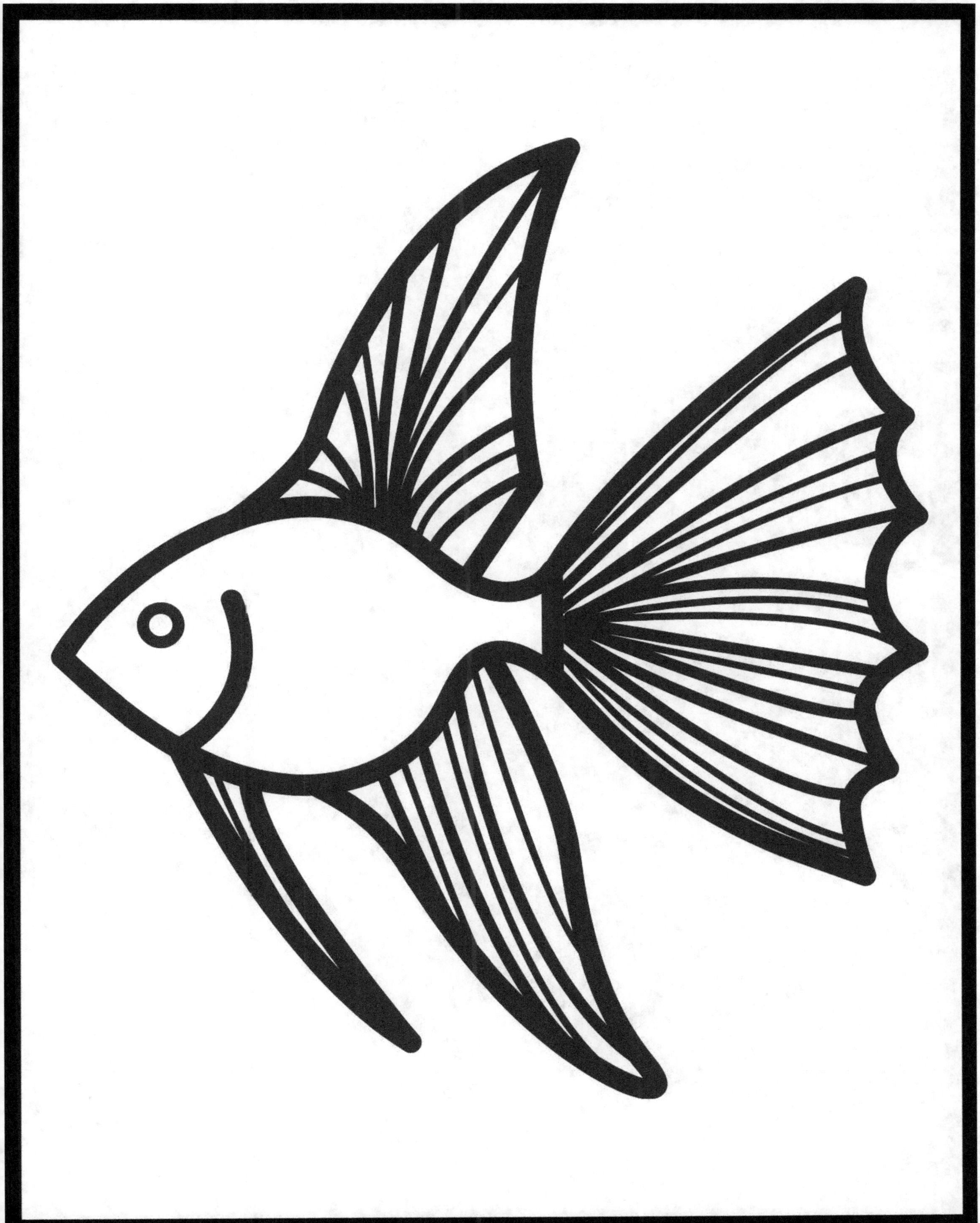

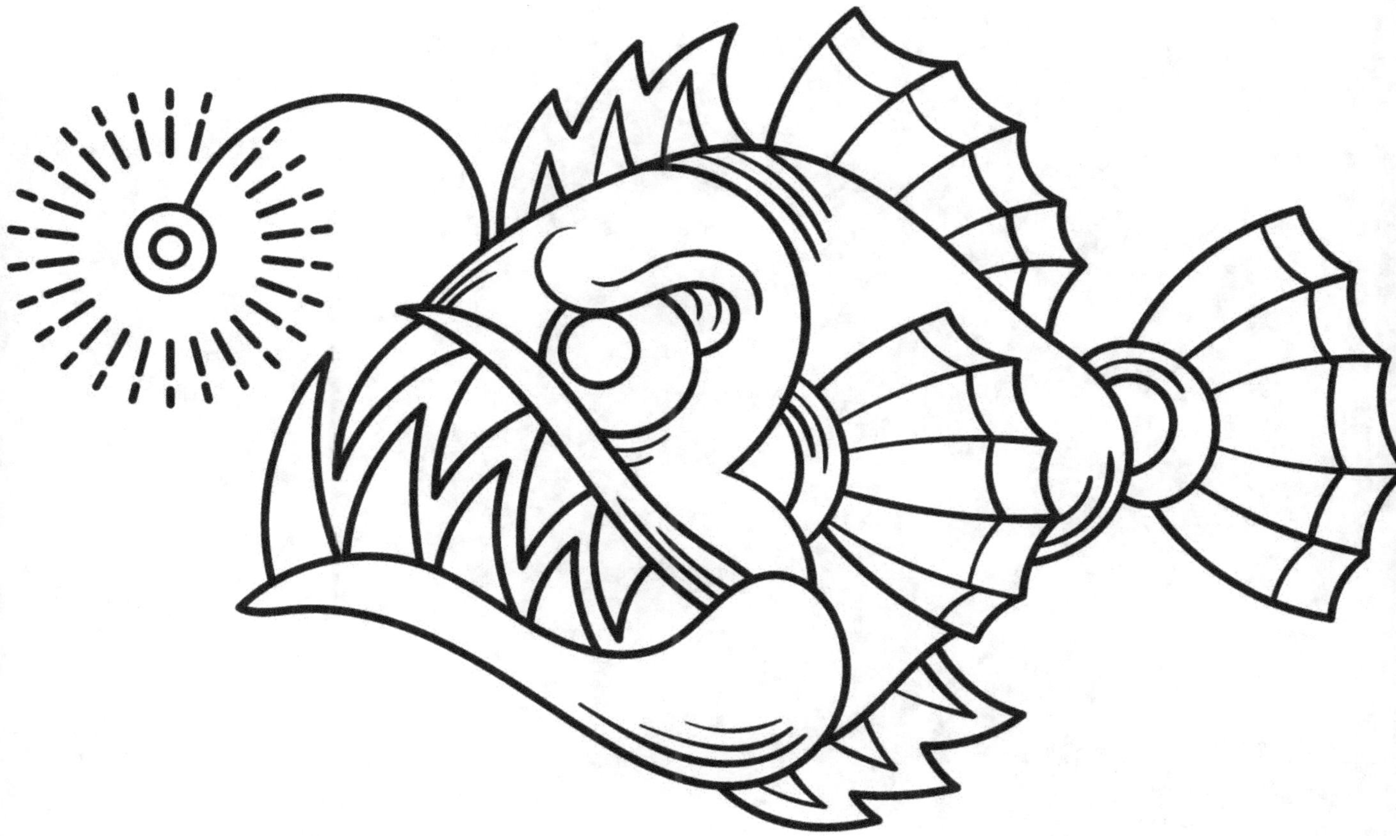

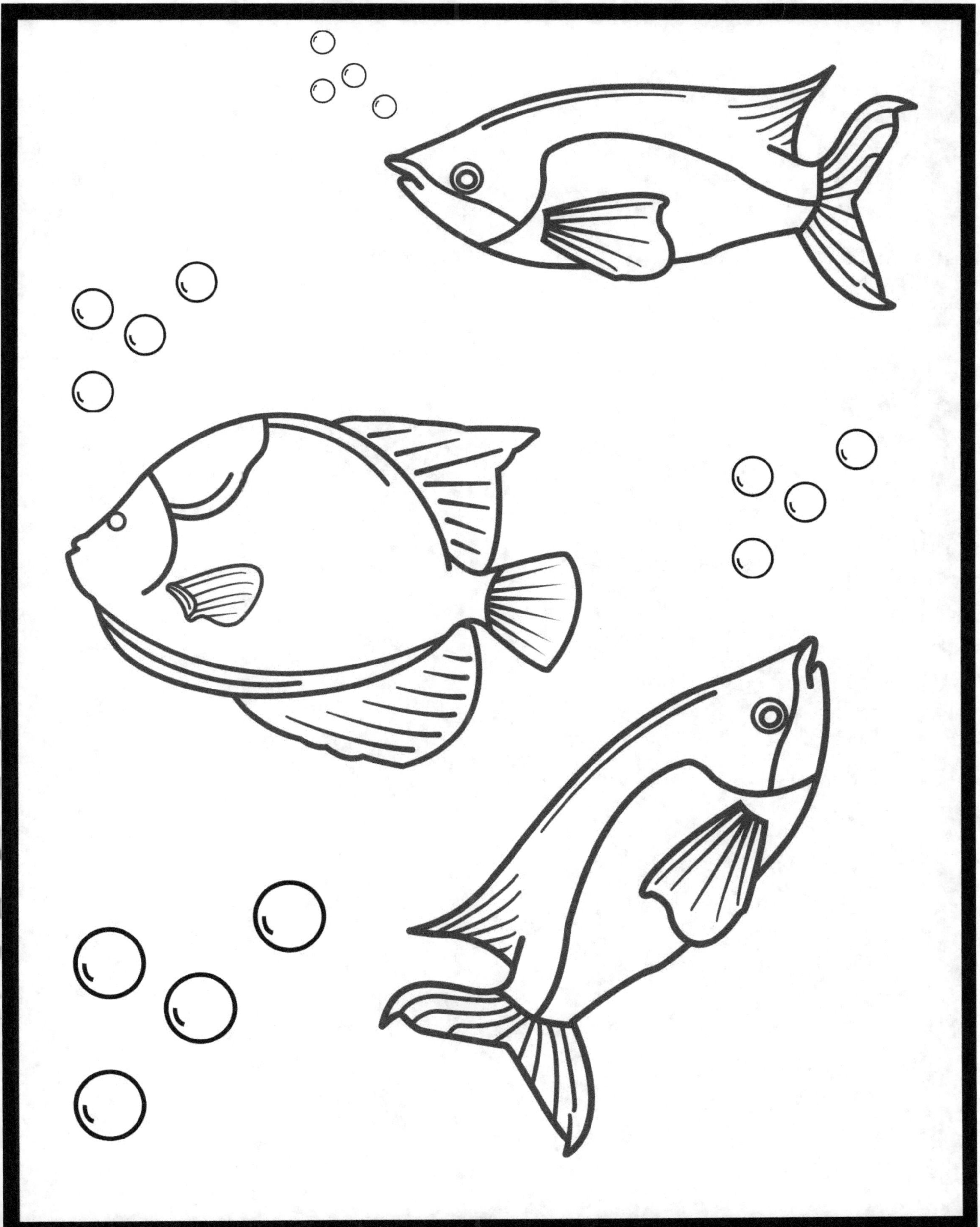

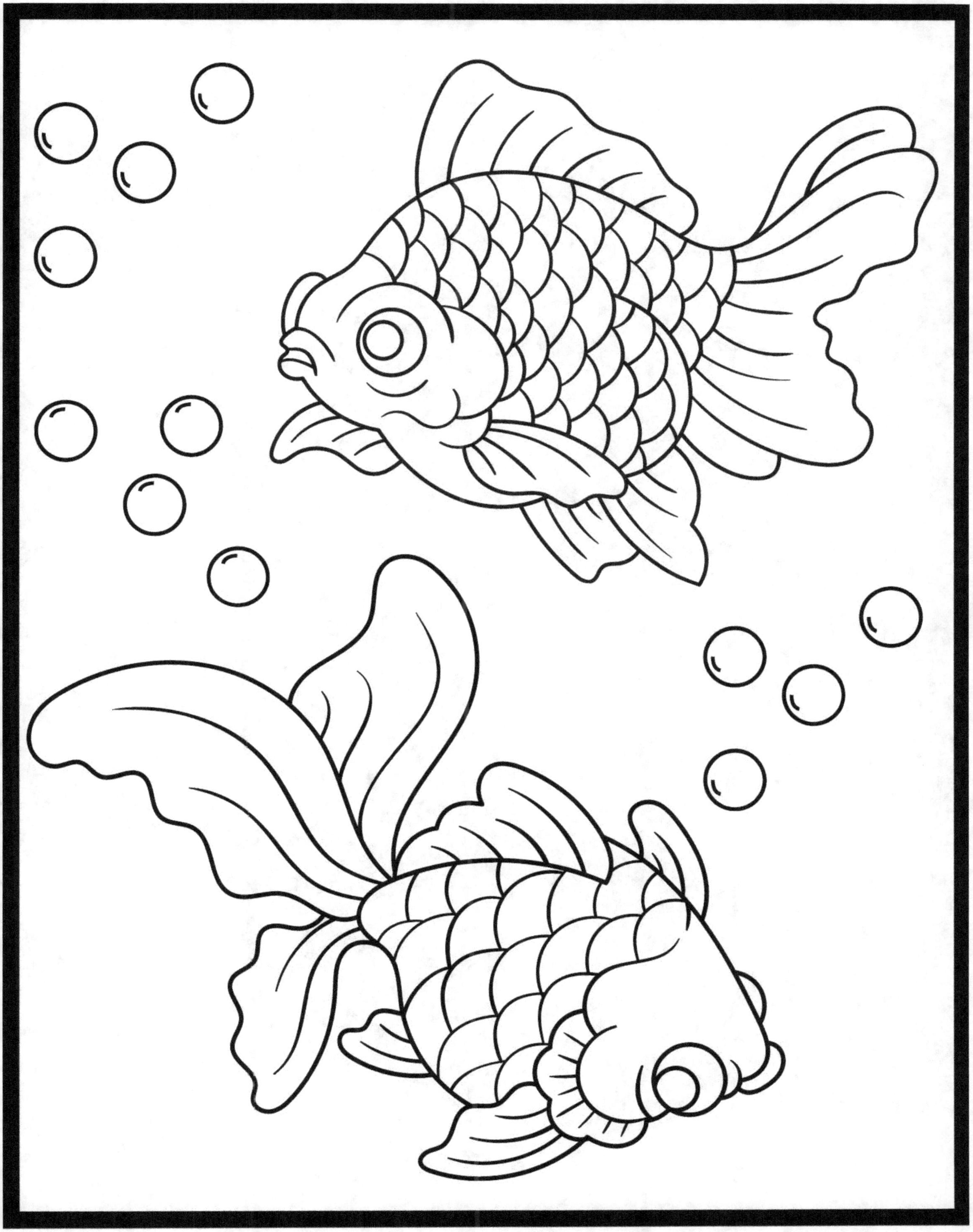

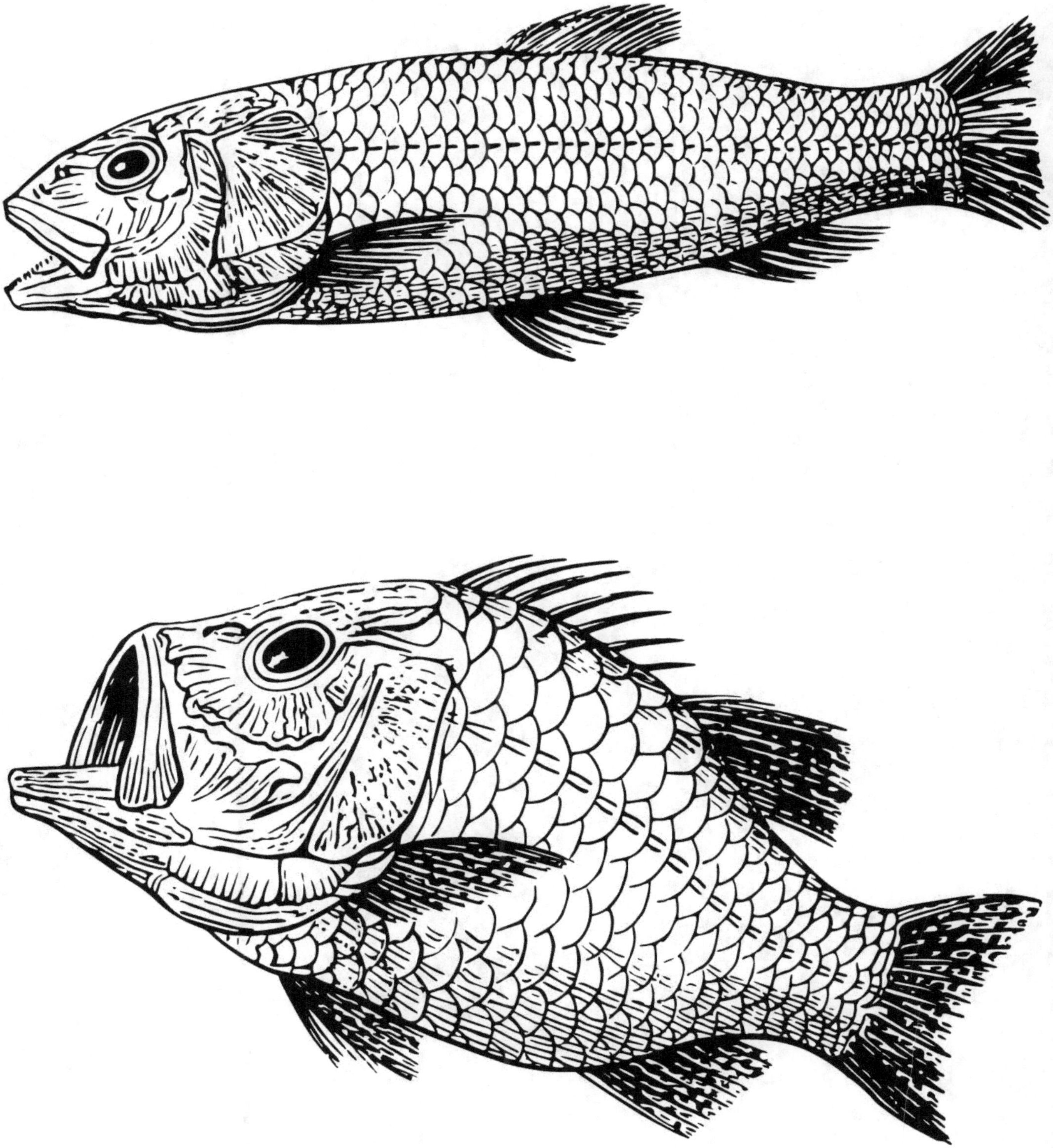

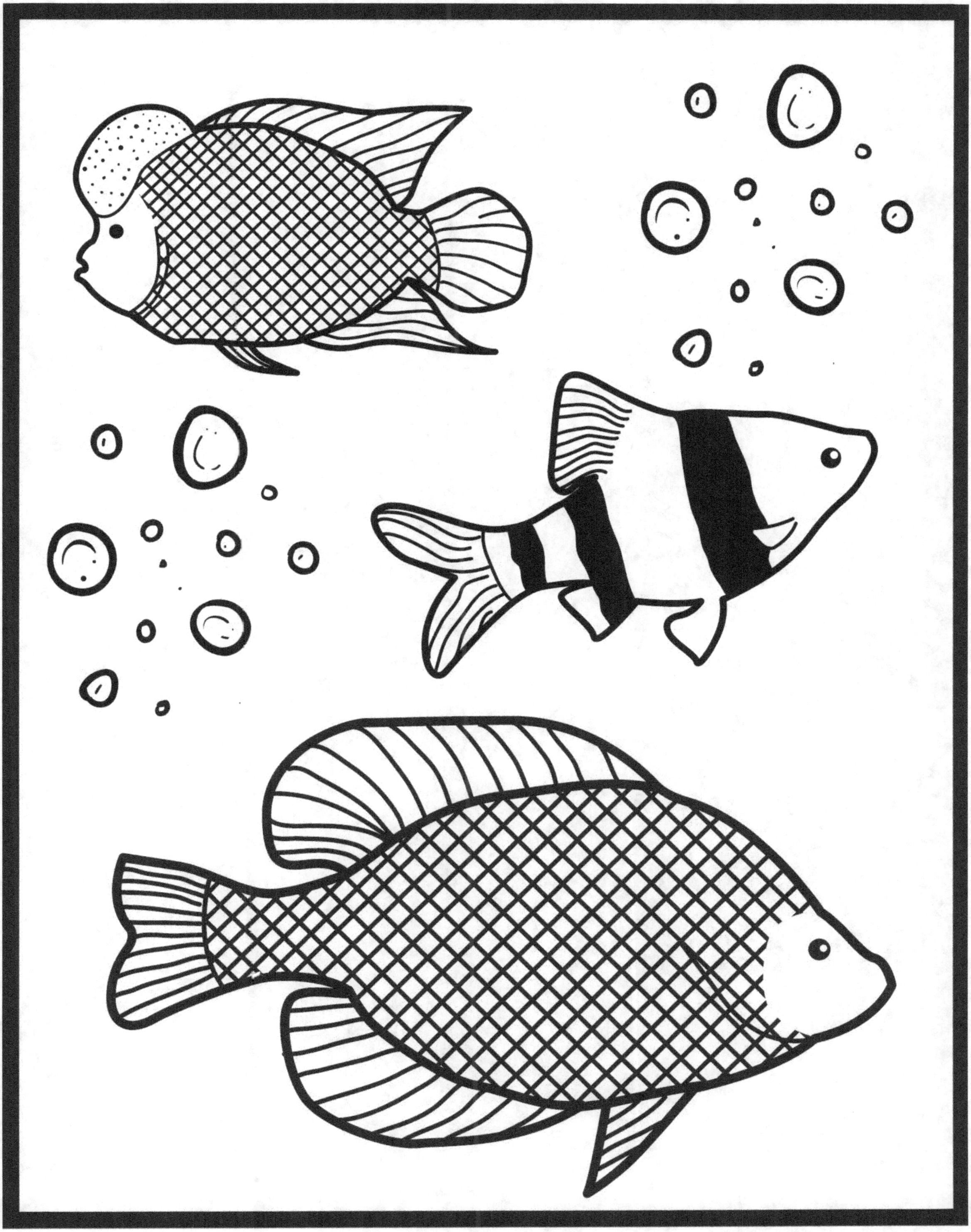

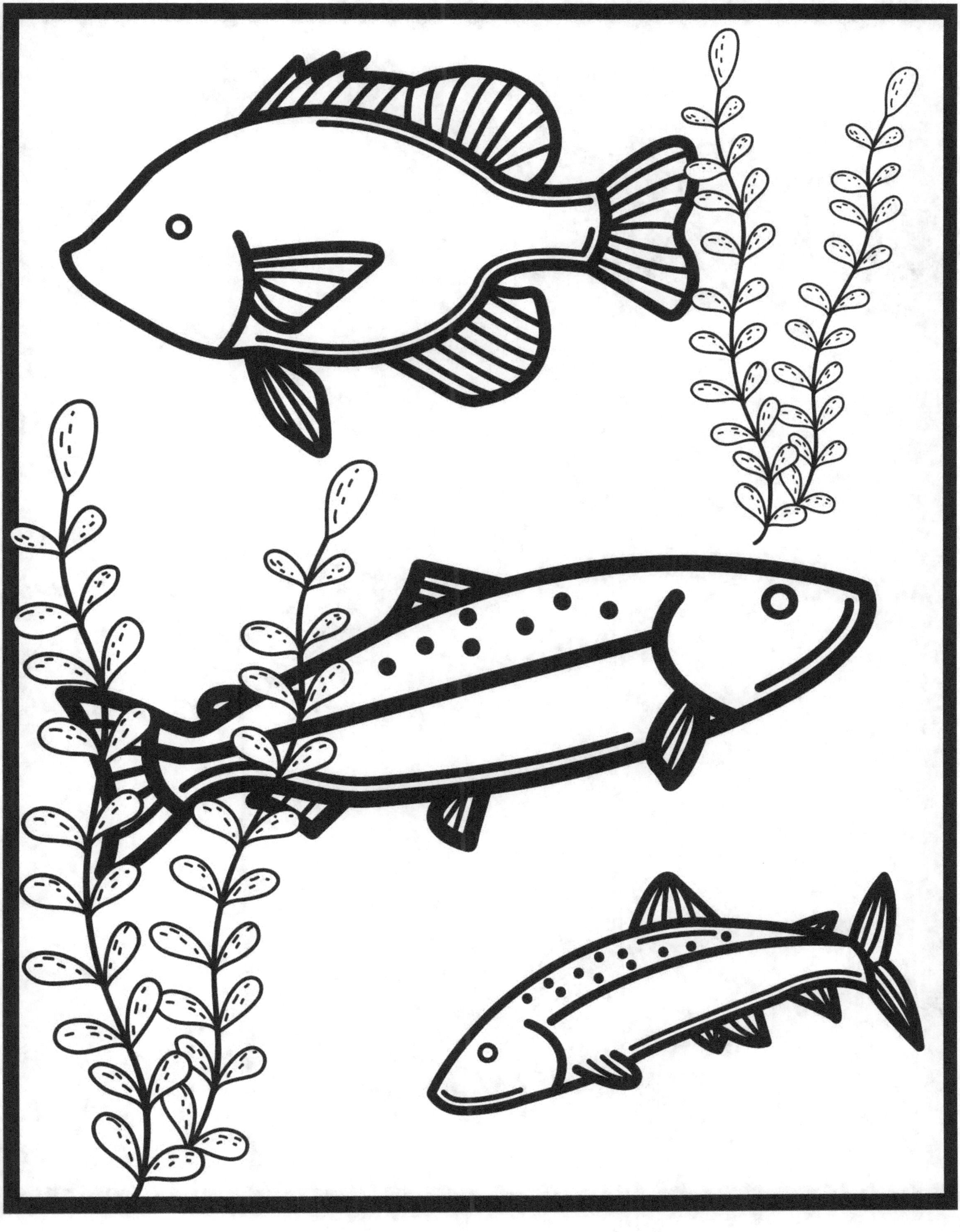

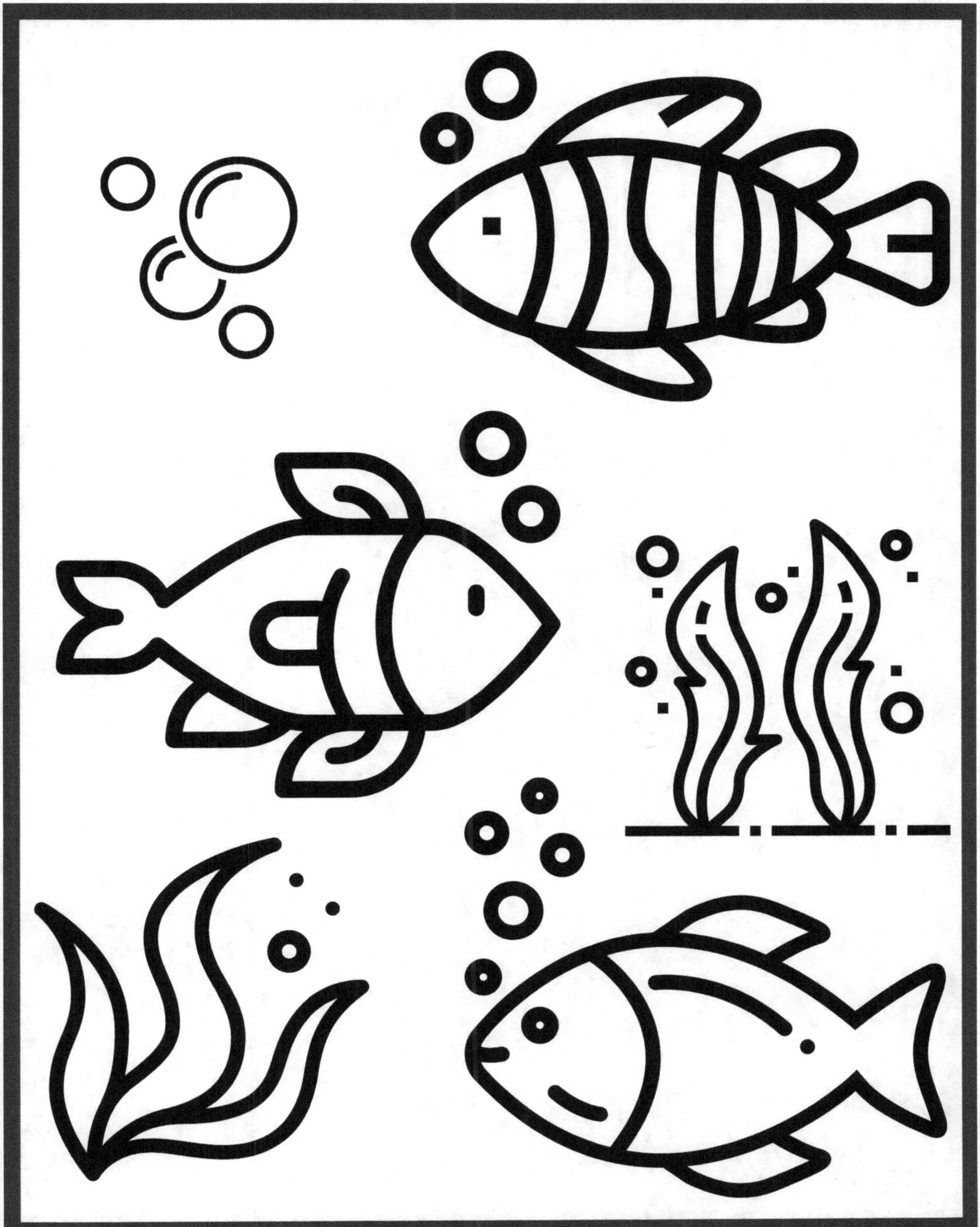

www.ingramcontent.com/pod-product-compliance
Lightning Source LLC
Chambersburg PA
CBHW080613220526
45466CB00010B/3334
* 9 7 9 8 5 6 9 3 3 2 3 2 8 *